SEX DRUGS & RER

2 Perturbations sur toute la ligne

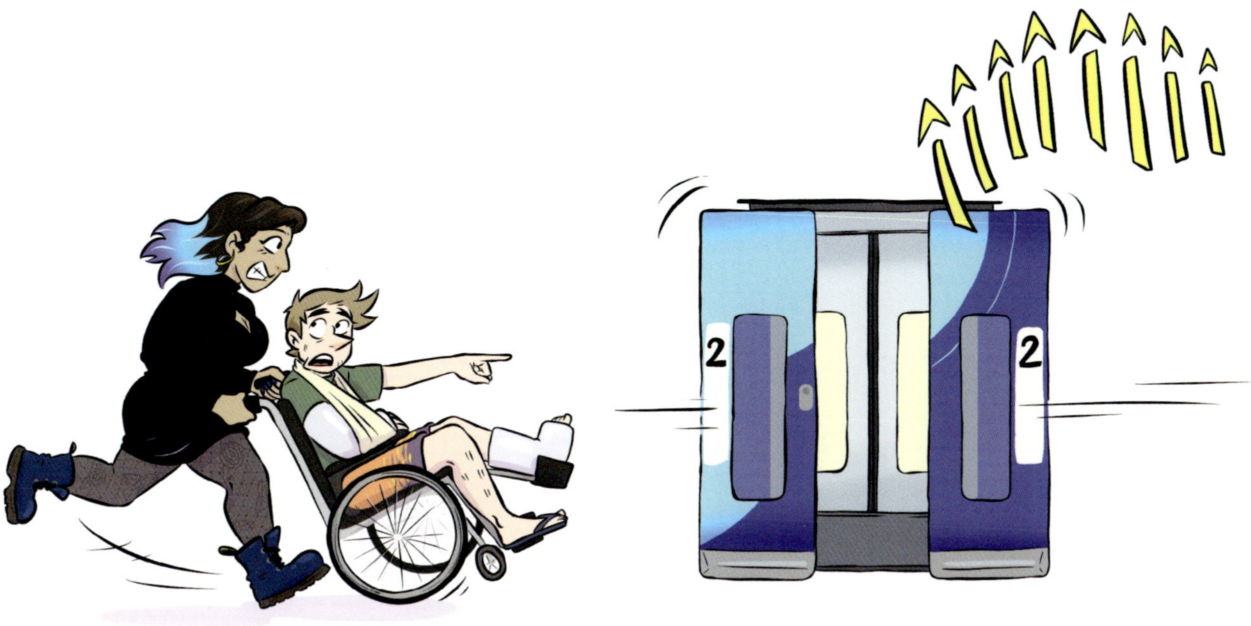

Scénario, Dessin et Couleur
NATACHA RATTO

DELCOURT

Pour Juliette et Raph, merci de m'avoir nourrie et soutenue pendant les heures sombres de la publication hebdomadaire.
Désolée pour le ménage.

Natacha Ratto

Dans la même série :

1. Attention à la fermeture des portes !
2. Perturbations sur toute la ligne

Retrouvez Natacha Ratto sur les réseaux sociaux :

@natachartt

TikTok
@natacha_rtt

Éditeur : Côme Marchandeau

Pages 50-51 : Paroles de la chanson *Oiseau Mécanique*, par DanKdh

Dépôt légal : juin 2025. ISBN : 978-2-413-08526-3
Première édition

Conception graphique : Studio Delcourt/Soleil - Solène Ferrer

Achevé d'imprimer en mai 2025
sur les presses de l'imprimerie PPO, à Palaiseau, France

www.editions-delcourt.fr

5 Trahison et TER

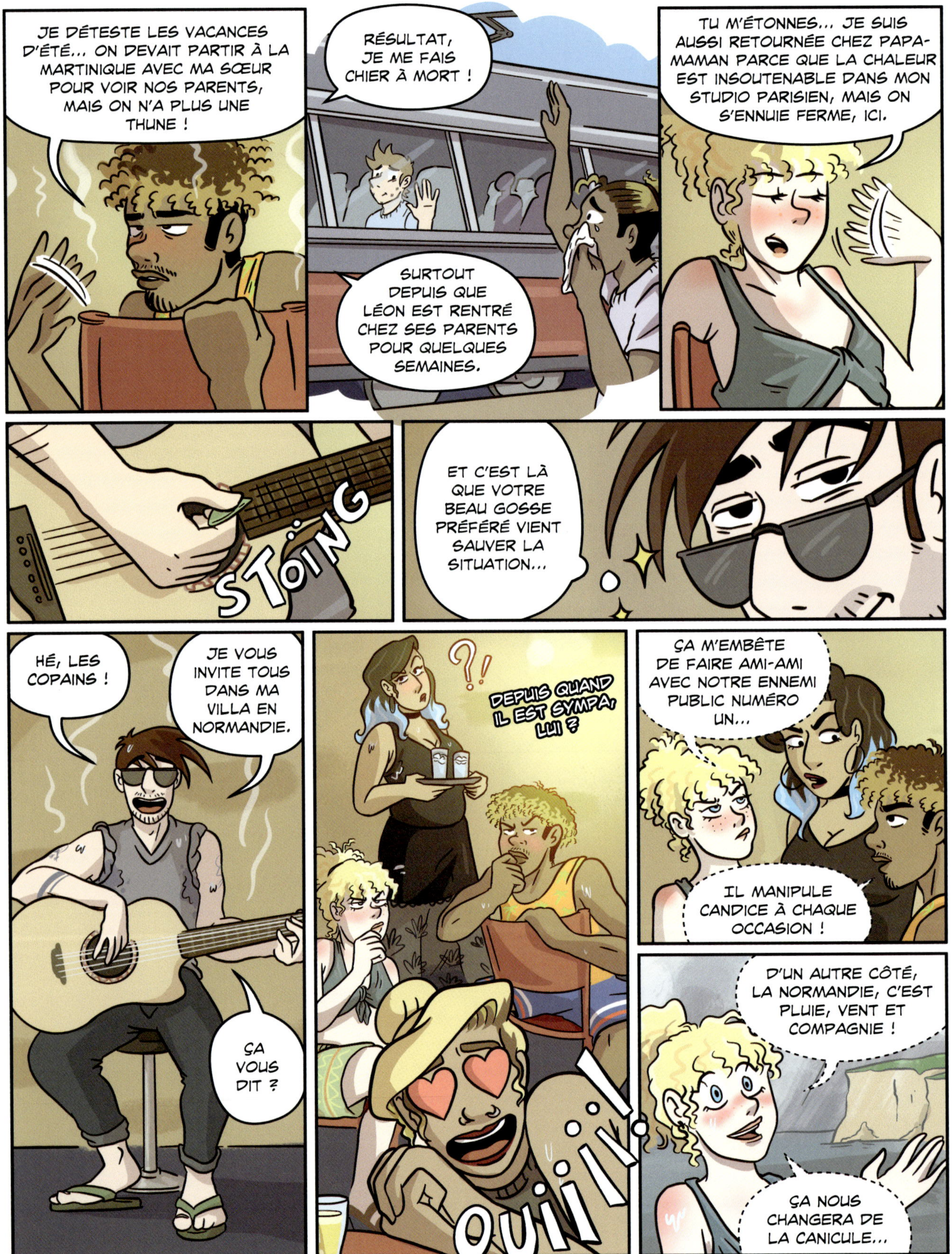
JE DÉTESTE LES VACANCES D'ÉTÉ... ON DEVAIT PARTIR À LA MARTINIQUE AVEC MA SŒUR POUR VOIR NOS PARENTS, MAIS ON N'A PLUS UNE THUNE !
RÉSULTAT, JE ME FAIS CHIER À MORT !
SURTOUT DEPUIS QUE LÉON EST RENTRÉ CHEZ SES PARENTS POUR QUELQUES SEMAINES.
TU M'ÉTONNES... JE SUIS AUSSI RETOURNÉE CHEZ PAPA-MAMAN PARCE QUE LA CHALEUR EST INSOUTENABLE DANS MON STUDIO PARISIEN, MAIS ON S'ENNUIE FERME, ICI.
STÖING
ET C'EST LÀ QUE VOTRE BEAU GOSSE PRÉFÉRÉ VIENT SAUVER LA SITUATION...
HÉ, LES COPAINS !
JE VOUS INVITE TOUS DANS MA VILLA EN NORMANDIE.
ÇA VOUS DIT ?
?!
DEPUIS QUAND IL EST SYMPA, LUI ?
OUIIII !
ÇA M'EMBÊTE DE FAIRE AMI-AMI AVEC NOTRE ENNEMI PUBLIC NUMÉRO UN...
IL MANIPULE CANDICE À CHAQUE OCCASION !
D'UN AUTRE CÔTÉ, LA NORMANDIE, C'EST PLUIE, VENT ET COMPAGNIE !
ÇA NOUS CHANGERA DE LA CANICULE...

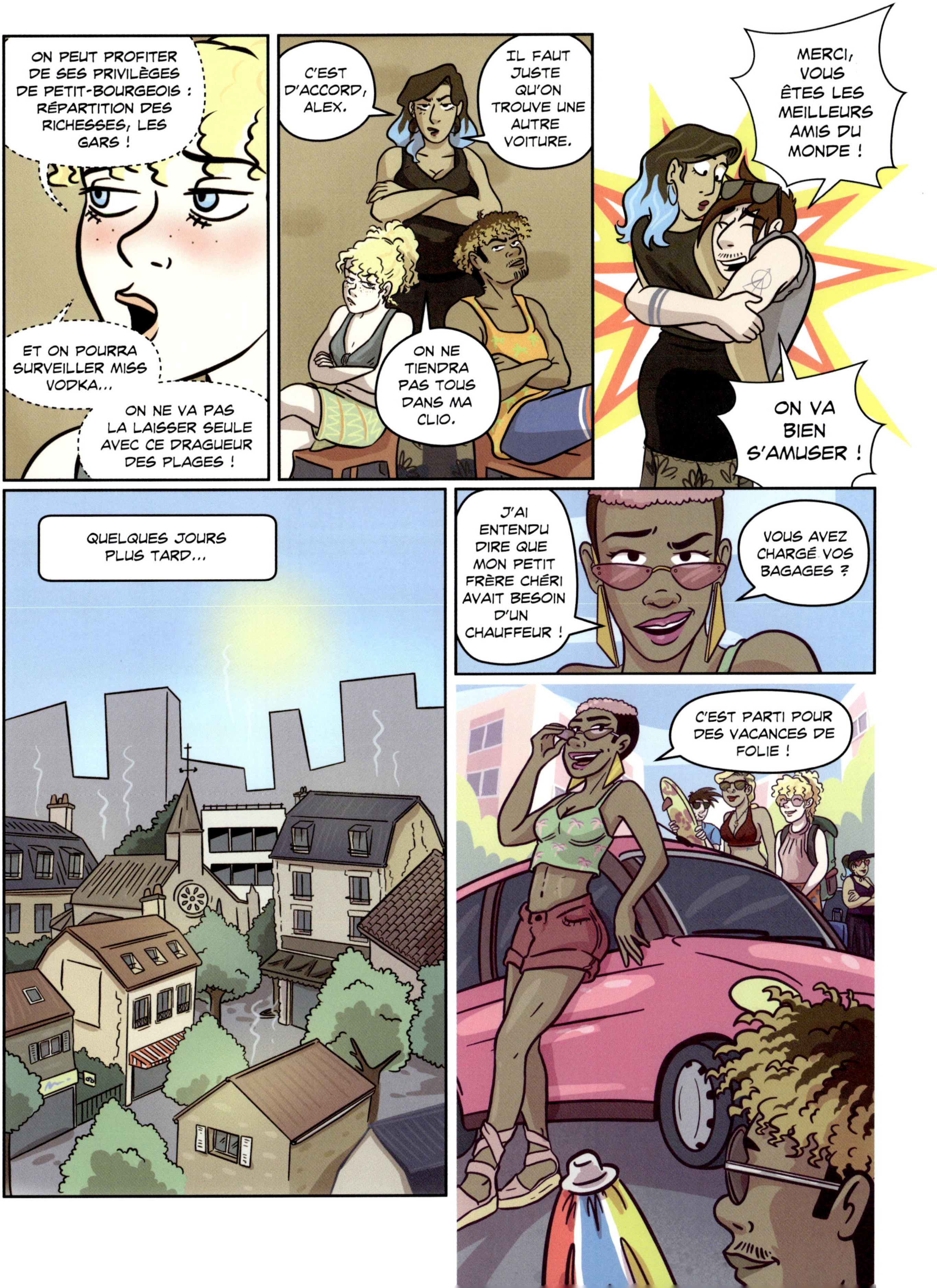
ON PEUT PROFITER DE SES PRIVILÈGES DE PETIT-BOURGEOIS : RÉPARTITION DES RICHESSES, LES GARS !
ET ON POURRA SURVEILLER MISS VODKA...
ON NE VA PAS LA LAISSER SEULE AVEC CE DRAGUEUR DES PLAGES !
C'EST D'ACCORD, ALEX.
IL FAUT JUSTE QU'ON TROUVE UNE AUTRE VOITURE.
ON NE TIENDRA PAS TOUS DANS MA CLIO.
MERCI, VOUS ÊTES LES MEILLEURS AMIS DU MONDE !
ON VA BIEN S'AMUSER !
QUELQUES JOURS PLUS TARD...
J'AI ENTENDU DIRE QUE MON PETIT FRÈRE CHÉRI AVAIT BESOIN D'UN CHAUFFEUR !
VOUS AVEZ CHARGÉ VOS BAGAGES ?
C'EST PARTI POUR DES VACANCES DE FOLIE !

PENDANT CE TEMPS...
TU ES MAL PEIGNÉ, DIS DONC. IL N'Y A PAS DE COIFFEURS À PARIS ?
ET CETTE BARBE, C'EST NOUVEAU ?
TU ME FAIS MAL, WESH !
OÙ EST-CE QUE TU AS APPRIS CE LANGAGE ?
MOI AUSSI JE SUIS RAVI DE TE RETROUVER, MAMAN.
CONTENT DE VOIR QUE TU N'AS PAS CHANGÉ !
ET ENCORE, ELLE EST DE BONNE HUMEUR.
JE PRENDS ÇA COMME UN COMPLIMENT !
ALORS, PAPA, T'AS EU DES OFFRES D'EMPLOI ?
EH BIEN...
C'EST TRÈS DIFFICILE POUR NOUS EN CE MOMENT.
CE SERAIT BIEN QUE TU NOUS AIDES UN PEU, LÉON.
TU POURRAIS PRENDRE UN JOB ÉTUDIANT, À LA RENTRÉE ?
NE ME REGARDE PAS COMME ÇA, J'AI RIEN DIT !
C'EST VRAI QUE ÇA SOULAGERAIT MES PARENTS QUE J'AIE UN SALAIRE...
MAIS COMMENT JE VAIS PÉCHO CLARA SI JE BOSSE AU MCGRO ?
J'AI BESOIN DE ME CHANGER LES IDÉES.
J'ESPÈRE QUE JÉRÔME AURA DE QUOI FUMER.
VINGT MINUTES D'AVANCE... JE VAIS ME POSER EN HAUT.
17:39
JEUDI 23 JUILLET

HI HI !
FILE, IL NE VA PAS TARDER !
JÉRÔME ?!
CIEL !
MON AMI !
SALES TRAÎTRES, VOUS ME DÉGOÛTEZ !
ON VA TOUT T'EXPLIQUER, TU VAS VOIR !
CACHE-MOI ÇA, J'EN AI DÉJÀ TROP V...
HEIN?
CRACK
AAAAAAH !

HEUREUSEMENT QU'IL NE S'EN EST PAS TROP MAL TIRÉ...
JE COMMENÇAIS À ME SENTIR UN POIL COUPABLE !
À... À BOIRE...
TIENS, COPAIN !
M... MERCI...
J'ESPÈRE QU'ELLE N'EST PAS EMPOISONNÉE !
J'AI CRU COMPRENDRE QUE T'AIMAIS BIEN ME FAIRE DES COUPS DANS LE DOS.
C'EST PAS CONTRE TOI...
J'AI JUSTE AVOUÉ À MARIE QUE J'AVAIS JAMAIS... EUH...
DONC ELLE M'A PROPOSÉ QU'ON... TU VOIS ?
TOUJOURS LÀ POUR DONNER UN COUP DE MAIN !
ET DEPUIS, ON...
VOILÀ, QUOI.

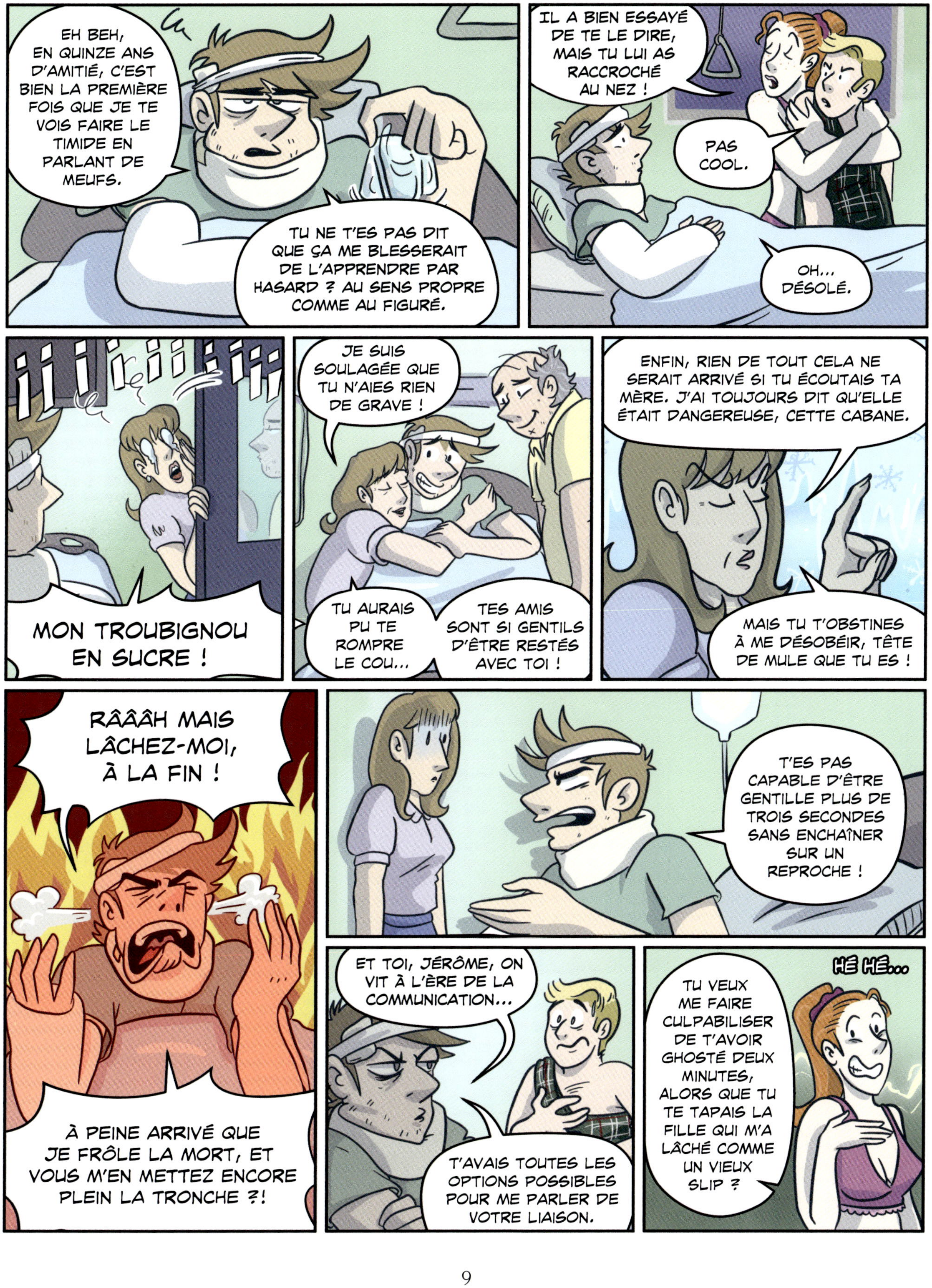
EH BEH, EN QUINZE ANS D'AMITIÉ, C'EST BIEN LA PREMIÈRE FOIS QUE JE TE VOIS FAIRE LE TIMIDE EN PARLANT DE MEUFS.
TU NE T'ES PAS DIT QUE ÇA ME BLESSERAIT DE L'APPRENDRE PAR HASARD ? AU SENS PROPRE COMME AU FIGURÉ.
IL A BIEN ESSAYÉ DE TE LE DIRE, MAIS TU LUI AS RACCROCHÉ AU NEZ !
PAS COOL.
OH... DÉSOLÉ.
MON TROUBIGNOU EN SUCRE !
JE SUIS SOULAGÉE QUE TU N'AIES RIEN DE GRAVE !
TU AURAIS PU TE ROMPRE LE COU...
TES AMIS SONT SI GENTILS D'ÊTRE RESTÉS AVEC TOI !
ENFIN, RIEN DE TOUT CELA NE SERAIT ARRIVÉ SI TU ÉCOUTAIS TA MÈRE. J'AI TOUJOURS DIT QU'ELLE ÉTAIT DANGEREUSE, CETTE CABANE.
MAIS TU T'OBSTINES À ME DÉSOBÉIR, TÊTE DE MULE QUE TU ES !
RÂÂÂH MAIS LÂCHEZ-MOI, À LA FIN !
À PEINE ARRIVÉ QUE JE FRÔLE LA MORT, ET VOUS M'EN METTEZ ENCORE PLEIN LA TRONCHE ?!
T'ES PAS CAPABLE D'ÊTRE GENTILLE PLUS DE TROIS SECONDES SANS ENCHAÎNER SUR UN REPROCHE !
ET TOI, JÉRÔME, ON VIT À L'ÈRE DE LA COMMUNICATION...
T'AVAIS TOUTES LES OPTIONS POSSIBLES POUR ME PARLER DE VOTRE LIAISON.
HÉ HÉ...
TU VEUX ME FAIRE CULPABILISER DE T'AVOIR GHOSTÉ DEUX MINUTES, ALORS QUE TU TE TAPAIS LA FILLE QUI M'A LÂCHÉ COMME UN VIEUX SLIP ?

ZYEUTE
ZYEUTE
LAISSE-MOI DEVINER, C'EST LA DEUXIÈME MI-TEMPS DE MONACO-PSG ?
ALORS TOI, T'ES TOUJOURS DE MON CÔTÉ, MAIS TU DÉCAMPES DÈS QU'IL FAUT ME DÉFENDRE...
VOUS M'AVEZ SOÛLÉ, JE COMMANDE UN BLABLOUCAR.
J'PARS REJOINDRE LES GENS POUR QUI JE COMPTE VRAIMENT.
AAAAAAAH
NE ME DITES RIEN.
J'AI AUSSI LA JAMBE CASSÉE, PAS VRAI ?
PLUS TARD.
JE DOIS ADMETTRE QUE TU AS RAISON, CLARA. C'EST BIEN UNE VILLA DE STYLE NÉO-NORMAND.
MAIS TU SAVAIS QU'ELLE DATAIT DE 1903 ?
NON ?
ÇA T'EN BOUCHE UN COIN, HEIN ?
ELLE EST CLASSÉE ?
JUSTE LA TOITURE !
ON SE BAT POUR LA GARDER, LE MAIRE VEUT NOUS RACHETER LE TERRAIN.
POUR DES RAISONS DE SÉCURITÉ SOI-DISANT, MAIS...
... MON PÈRE DIT QUE C'EST UN SOCIALISTE QUI VEUT COLLECTIVISER LES PROPRIÉTÉS PRIVÉES.
C'EST PAS UNE MAUVAISE IDÉE...

BAH BIEN SÛR.
POUR QU'ILS TRANSFORMENT MA JOLIE VILLA EN FOYER POUR SDF.
OU EN COLONIE DE VACANCES POUR RÉFUGIÉS !
T'ES FOLLE ! MON ARRIÈRE-ARRIÈRE-GRAND-PÈRE A TRAVAILLÉ DUR POUR SE LA PAYER !
ET LES PAUVRES MIGRANTS QUI FUIENT LA GUERRE, IL EN PENSE QUOI, TON ANCÊTRE ?
CE SONT DE VRAIES DRAMA QUEENS, TES POTES !
SI TU SAVAIS, NAOMIE !
AU MOINS, IL Y A TOUJOURS DE L'ACTION.
NOS SÉANCES DE SPORT ENTRE FRÈRE ET SŒUR M'AVAIENT MANQUÉ !
DEPUIS QUE J'AI LANCÉ MON PODCAST DE DÉVELOPPEMENT PERSONNEL, JE N'AI PLUS UNE SECONDE DE LIBRE.
ÇA A L'AIR DE PLÛTOT BIEN MARCHER, TON TRUC !
OUAIS, JE VIENS DE PASSER LA BARRE DES 200 000 ABONNÉS !
ET TOI ? T'AS RETROUVÉ DU BOULOT ?
EUH... PAS VRAIMENT.
LA PLUPART DES EMPLOYEURS DEMANDENT DES ANNÉES D'EXPÉRIENCE ALORS QUE JE DÉBUTE...
ET PUIS JE PASSE PAS MAL DE TEMPS À AIDER MON NOUVEAU COLOC' !
C'EST UN VRAI GALÉRIEN, SI TU SAVAIS...
PAF!
C'EST PAS VRAI !
TU NOUS REFAIS UNE « ÉDOUARD ».
TU TE DÉGOTES UN NOUVEAU MEILLEUR AMI...
... TU JOUES LES PERSONNAGES SECONDAIRES ET TE PLIES EN QUATRE POUR LUI...
... IL SE TROUVE UNE MEUF, N'A PLUS BESOIN DE TOI...
... ET TU FINIS TOUT SEUL, SANS AVOIR AVANCÉ DANS TES PROJETS PERSOS.
N'IMPORTE QUOI ! JE FAIS AUSSI DES CHOSES POUR MOI.
LA PREUVE, J'AI POSTÉ DE NOUVEAUX SONS SUR YOUTIOUBE.

AH OUAIS ?
MAIS JE RETWITTE DIRECT !
ÇA VA PAS, NAOMIE ? AVEC TES MILLIONS DE FOLLOWERS, LÀ ?!
LA HONTE !
T'ABUSES, JE N'EN AI PAS TANT QUE ÇA !
HOP, PARTAGÉ !
J'AI BEAU ÊTRE UNE SELF-MADE WOMAN QUI A CONSTRUIT SON AUDIENCE TOUTE SEULE, ÇA NE ME DÉRANGE PAS DE T'EN FAIRE PROFITER. JE SUIS TA SŒUR, C'EST NORM...
EUH... FÉLIX ?!
VIDE
RRRRRRRR
TAP
TAP
¡¡¡¡¡
OOOH!
REGARDEZ QUI EST VENU NOUS RENDRE VISITE, LES AMIS !
JE VOUS LE DIS... FÉLIX N'EN A PAS FINI, AVEC CE ZIGOTO !

... ET VOILÀ, TU CONNAIS TOUTE L'HISTOIRE.
ILS ÉTAIENT VRAIMENT TOUT NUS À L'HÔPITAL ?
LA VIE DE MA MÈRE !
MAIS... ET TOI ? TES CONGÉS NE COMMENÇAIENT PAS LA SEMAINE PROCHAINE ? COMMENT TU AS FAIT POUR TE LIBÉRER ?
C'EST UNE IDÉE D'ALEX !
J'AI PASSÉ DEUX HEURES PAR JOUR AU RAYON FRAIS DU CHUPER U...
JE ME SUIS ENFERMÉE EN SOUTIF' DANS LA VOITURE AVEC LA CLIM' À FOND, ET...
... J'AI FINI AVEC UNE GROSSE ANGINE ET UN ARRÊT DE TRAVAIL !
OK, T'ES UN GÉNIE.
MAIS C'EST PAS INTERDIT DE PARTIR EN VACANCES QUAND ON EST ARRÊTÉ ?
BOARF, PERSONNE N'IRA VÉRIFIER... EN REVANCHE, ÉDOUARD N'ÉTAIT PAS TRÈS CHAUD.
ÉCOUTE, C'EST TON CHOIX...
MAIS JE CONTINUE DE PENSER QUE TES AMIS ONT UNE MAUVAISE INFLUENCE SUR TOI.
ÇA NE VA PAS M'EMPÊCHER DE PROFITER !
SELFIE ?
EUH... JE SUIS PAS AU MAX DE MON SEX-APPEAL...
T'INQUIÈTE, MOI NON PLUS !
xx_gothgirlfriend_xx
Aimé par Leon_du_16 et 25 autres personnes
xx_gothgirlfriend_xx La malade de la mer salée #vacances #potes #Dieppe #soleil #Normandie

J'ESPÈRE QUE C'EST PAS ALEX QUE TU MATES COMME ÇA !
HEIN ?
BAH OUAIS, SA COPINE EST VACHEMENT PLUS MIGNONNE.
MAIS EUUUH... POURQUOI TU DIS ÇA ?
C'EST VRAI QU'ELLE EST MIGNONNE, MAIS EUH...
TU CROIS QU'ELLE A VU QUE JE LA REGARDAIS ?
OH, JE RIGOLAIS POUR CANDICE !
VOUS VOUS CHAMAILLEZ TOUT LE TEMPS AVEC ALEX, JE CROYAIS QUE...
REMARQUE, MOI AUSSI, À TON ÂGE, JE CRUSHAIS SUR UNE POTE EN COUPLE.
J'AI ATTENDU DES MOIS QU'ELLE QUITTE SON MEC.
ILS VONT SE MARIER EN SEPTEMBRE !
JE N'AI PAS BEAUCOUP D'ESPOIR NON PLUS...
ON ÉTAIT SUPER PROCHES, ET ON S'EST DISPUTÉES.
QUAND ELLE EST ENTRÉE À LA FAC, ELLE EST DEVENUE ASSEZ POPULAIRE AUPRÈS DES GARÇONS.
JE ME SUIS SENTIE MISE DE CÔTÉ, ET J'AI MAL RÉAGI.
TON BESOIN CONSTANT D'ATTIRER L'ATTENTION DES MECS EST MALSAIN !
T'ES JALOUSE PARCE QUE T'AS PAS DE COPAIN !!

JE VOIS.
EN RÉALITÉ, T'ÉTAIS PAS JALOUSE D'ELLE, MAIS DES GARS EN QUESTION.
ON VA DIRE QUE LE POINT POSITIF DE CETTE HISTOIRE, C'EST QU'ELLE T'A PERMIS DE TE POSER LES BONNES QUESTIONS.
MAINTENANT, SI TU CHERCHES UNE COPINE, JE PEUX TE PRÉSENTER DES POTES À MOI !
JE NE SAIS PAS TROP...
IL Y A AUSSI DES MECS QUI ME PLAISENT.
HMM... CHACUN SES GOÛTS.
JE TE LES LAISSE.
DE TOUTE MANIÈRE, QUEL QUE SOIT LE GENRE DE LA PERSONNE, AVANT DE T'ATTACHER...
... IL FAUT T'ASSURER QU'ELLE EST ÉMOTIONNELLEMENT DISPONIBLE.
C'EST BEAU, CE QUE TU DIS !
TU DEVRAIS LE PLACER DANS TON PODCAST.
J'AI RIEN POUR NOTER !
TU M'Y FERAS PENSER ?
WOOOSH
?!
PLOUF
PUTAIN, ALEX, QU'EST-CE QUE TU NE COMPRENDS PAS DANS « NE ME JETTE PAS À L'EAU, J'AI MES LENTILLES ! » ?

JE CROYAIS QUE C'ÉTAIT UN PRÉTEXTE...
DEPUIS QUAND TU AS BESOIN DE LUNETTES ?
DEPUIS TOUJOURS, JE TE L'AI DIT MILLE FOIS.
'AZY, TU M'AS SAOULÉE, J'ME CASSE.
OUAIS OUAIS, C'EST ÇA.
ON PARIE QUE TU REVIENS EN COURANT D'ICI DIX MINUTES ?
CANDICE ?
EH MEC, CLARA M'A REGARDÉ !
EST-CE QU'ON NE REMETTRAIT PAS NOTRE PLAN À EXÉCUTION ?
TU CONNAIS UN ENDROIT OÙ JE POURRAIS L'EMMENER EN DATE, DANS LE COIN ?
ACCESSIBLE AUX PERSONNES À MOBILITÉ RÉDUITE
LÂCHE L'AFFAIRE, FRÈRE, JE SUIS PAS UN GUIDE TOURISTIQUE.
T'ES GRAND, REGARDE SUR INTERNET.
PAS LA PEINE DE ME RÉPONDRE COMME ÇA... C'EST TOI QUI VOULAIS M'AIDER AVEC CLARA !
JE CHERCHERAI UNE IDÉE DE RENCARD TOUT SEUL.
CLARA ?
TU VEUX L'INVITER À UN RENCARD ?
MAIS C'EST TROP CHOU !
VOUS IRIEZ TROP BIEN ENSEMBLE, JE SHIP À MORT !
MÊME SI ON N'EST PLUS TRÈS PROCHES, JE CONNAIS BIEN SES GOÛTS, JE PEUX TE TROUVER UNE SORTIE SYMPA !
D'AILLEURS, JE SAIS *EXACTEMENT* CE QUI POURRA LUI PLAIRE.

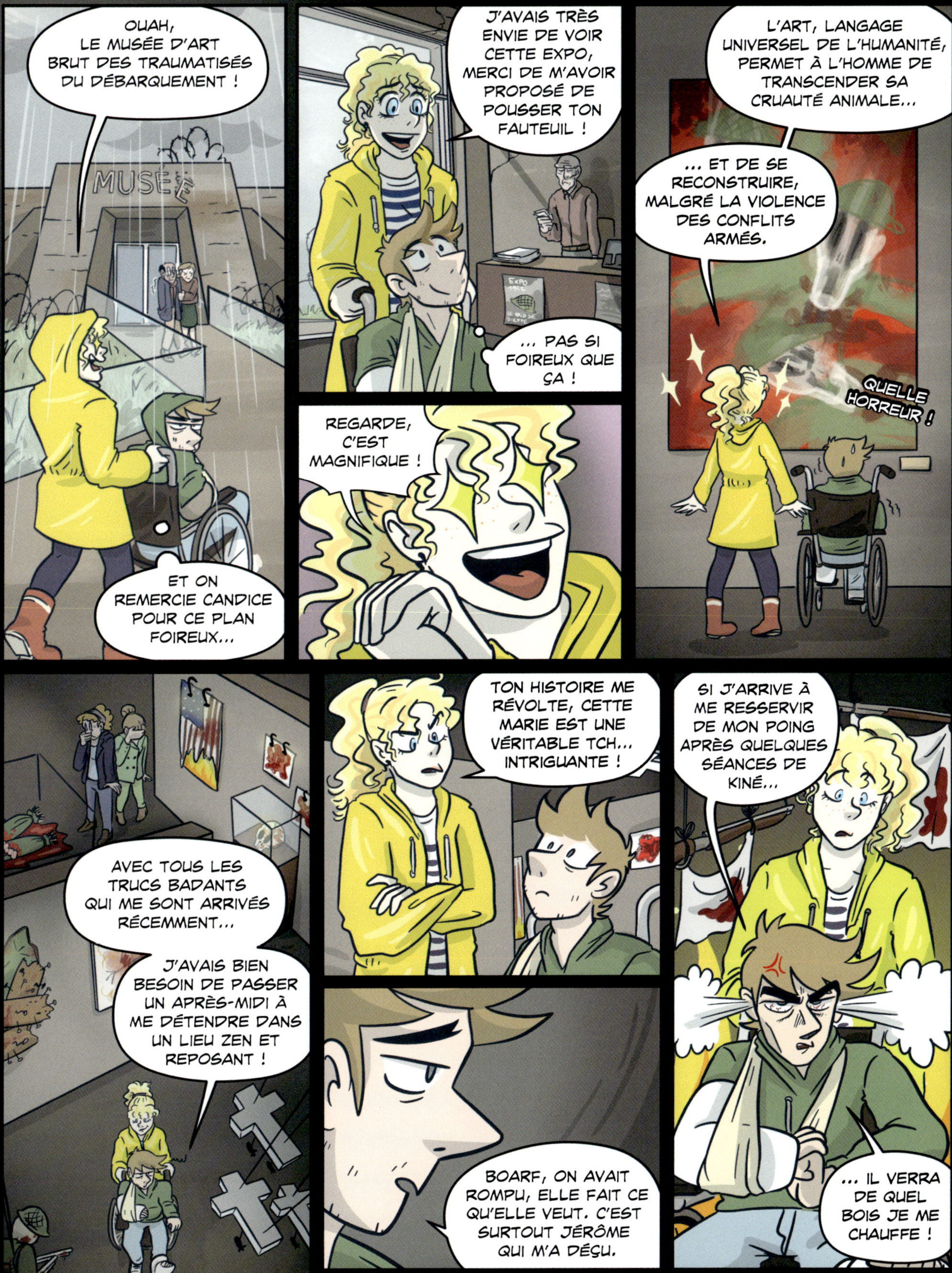
OUAH, LE MUSÉE D'ART BRUT DES TRAUMATISÉS DU DÉBARQUEMENT !
MUSÉE
ET ON REMERCIE CANDICE POUR CE PLAN FOIREUX...
J'AVAIS TRÈS ENVIE DE VOIR CETTE EXPO, MERCI DE M'AVOIR PROPOSÉ DE POUSSER TON FAUTEUIL !
... PAS SI FOIREUX QUE ÇA !
REGARDE, C'EST MAGNIFIQUE !
L'ART, LANGAGE UNIVERSEL DE L'HUMANITÉ, PERMET À L'HOMME DE TRANSCENDER SA CRUAUTÉ ANIMALE...
... ET DE SE RECONSTRUIRE, MALGRÉ LA VIOLENCE DES CONFLITS ARMÉS.
QUELLE HORREUR !
AVEC TOUS LES TRUCS BADANTS QUI ME SONT ARRIVÉS RÉCEMMENT...
J'AVAIS BIEN BESOIN DE PASSER UN APRÈS-MIDI À ME DÉTENDRE DANS UN LIEU ZEN ET REPOSANT !
TON HISTOIRE ME RÉVOLTE, CETTE MARIE EST UNE VÉRITABLE TCH... INTRIGUANTE !
BOARF, ON AVAIT ROMPU, ELLE FAIT CE QU'ELLE VEUT. C'EST SURTOUT JÉRÔME QUI M'A DÉÇU.
SI J'ARRIVE À ME RESSERVIR DE MON POING APRÈS QUELQUES SÉANCES DE KINÉ...
... IL VERRA DE QUEL BOIS JE ME CHAUFFE !

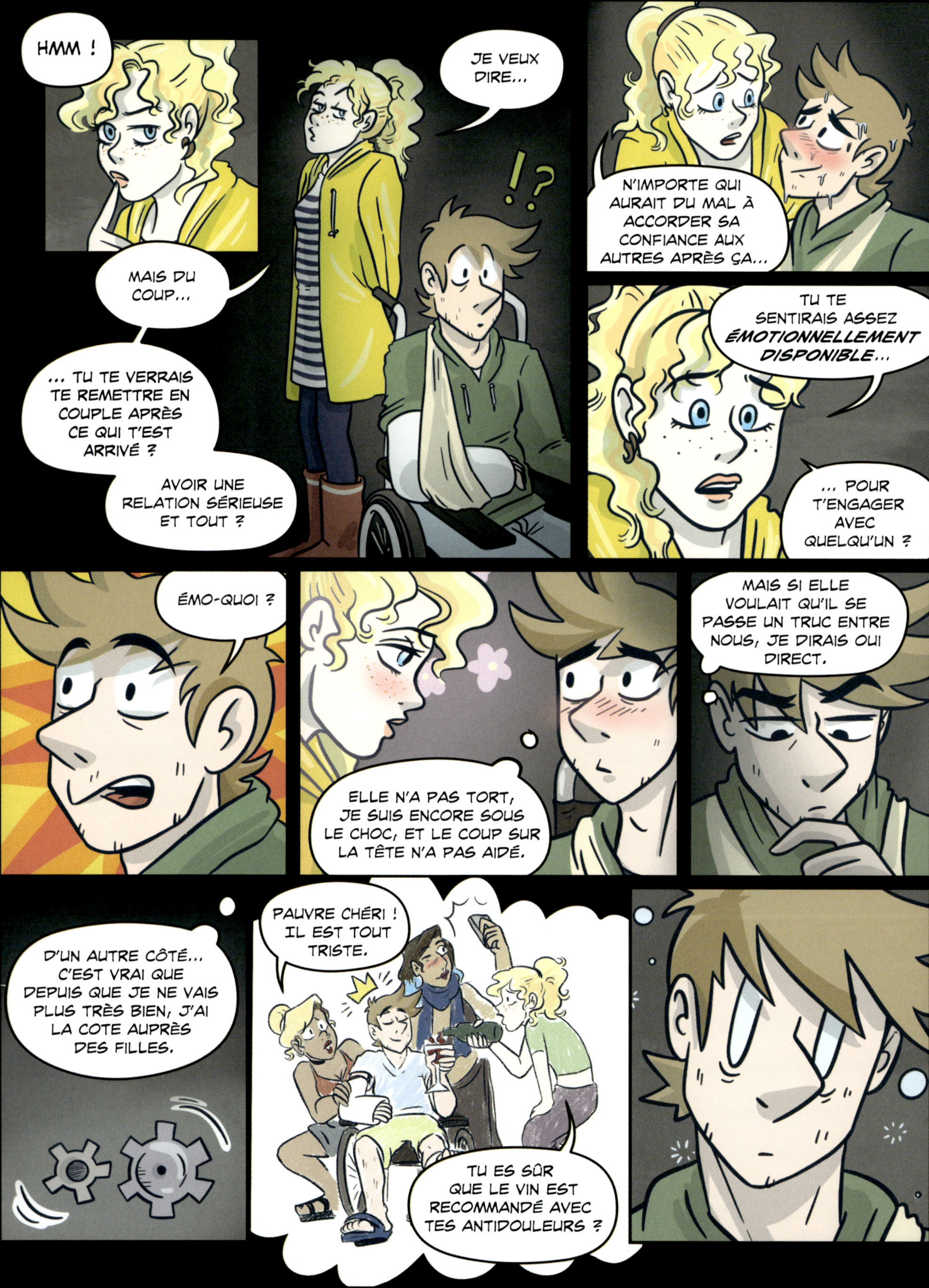
HMM !
JE VEUX DIRE...
!?
MAIS DU COUP...
... TU TE VERRAIS TE REMETTRE EN COUPLE APRÈS CE QUI T'EST ARRIVÉ ?
AVOIR UNE RELATION SÉRIEUSE ET TOUT ?
N'IMPORTE QUI AURAIT DU MAL À ACCORDER SA CONFIANCE AUX AUTRES APRÈS ÇA...
TU TE SENTIRAIS ASSEZ *ÉMOTIONNELLEMENT DISPONIBLE*...
... POUR T'ENGAGER AVEC QUELQU'UN ?
ÉMO-QUOI ?
ELLE N'A PAS TORT, JE SUIS ENCORE SOUS LE CHOC, ET LE COUP SUR LA TÊTE N'A PAS AIDÉ.
MAIS SI ELLE VOULAIT QU'IL SE PASSE UN TRUC ENTRE NOUS, JE DIRAIS OUI DIRECT.
D'UN AUTRE CÔTÉ... C'EST VRAI QUE DEPUIS QUE JE NE VAIS PLUS TRÈS BIEN, J'AI LA COTE AUPRÈS DES FILLES.
PAUVRE CHÉRI ! IL EST TOUT TRISTE.
TU ES SÛR QUE LE VIN EST RECOMMANDÉ AVEC TES ANTIDOULEURS ?

OH NON,
IL EST TOUT
SILENCIEUX !
JE L'AI CASSÉ AVEC
MON MANQUE DE TACT
ET MA MALADRESSE
LÉGENDAIRES...
CLARA...
SI TU SAVAIS
À QUEL POINT
C'EST DUR.
C'EST COMME SI MON
CŒUR ÉTAIT BRISÉ EN
PLEIN DE MORCEAUX.
J'ATTENDS LA
PERSONNE QUI SERA
UN JOUR CAPABLE DE
LES RECOLLER.
ICK.
OU ALORS...
JE PEUX TE FILER
LE NUMÉRO D'UNE
BONNE PSY !
TU DEVRAIS
ESSAYER
L'ART-THÉRAPIE.
IL PARAÎT QUE
C'EST VRAIMENT
APAISANT.

MERDE !
J'AI FAIT UN SIX !
AAA...
AAA...
ATCHA !!!
EEET VOILÀ ! ANISSA A ÉTERNUÉ !
VA FALLOIR QUE JE RELANCE, SINON VOUS ALLEZ ENCORE TRICHER...
RAYMONDES
ARRÊTE DE MYTHO, T'ES TOMBÉ SUR LA CASE « INTÉRÊTS », FILE TON FRIC !
MAIS IL EST PAS JUSTE, CE JEU !
LE RÔLE DU BANQUIER EST MÉGA CHEATÉ !
T'AVAIS QU'À MIEUX INVESTIR TON CAPITAL SI TU VOULAIS GAGNER.
FAIS PAS TON MAUVAIS JOUEUR.
FILE LA MOULA !
AH BAH D'ACCORD, JE VOUS INVITE DANS MA MAISON DE VACANCES ET C'EST COMME ÇA QUE VOUS ME REMERCIEZ ?
RAYMONDES
EN ME RACKETTANT AU *MONOPOURRI* ?
VOUS M'AVEZ SOÛLÉ, JE MONTE DANS MA CHAMBRE !
TU FAIS TOUJOURS LA GUEULE, TOI ?
TU VEUX PAS QU'ON FASSE UNE SORTIE, DEMAIN ?
TU VEUX DIRE UN TRUC EN AMOUREUX ?
COMME LÉON ET CLARA !
N'IMPORTE QUOI, TANT QUE JE NE VOIS PLUS LA TRONCHE DE TES POTES PENDANT QUELQUES HEURES.
ENFIN, UN PEU D'ATTENTION !

LE LENDEMAIN.
JE SUIS PRÊT ! ON PEUT Y ALLER !
SALUT, LES CASSOS !
ON VA AU RESTO !
J'SUIS REFAIT !
IL VOUS ARRIVE QUOI, LÀ ?! VOUS NE RÉAGISSEZ MÊME PAS À MES INSULTES !
LA MEUF DE KIKI LE IENCLI EST ABONNÉE À MON PODCAST ET A ADORÉ LA DÉMO DE FÉLIX !
C'EST UN RAPPEUR CONNU SUR SOUNDCLOWN.
IL VA FAIRE UN CONCERT PRÈS DE CHEZ NOUS ET IL CHERCHE DE JEUNES LOCAUX RÉMUNÉRÉS EN VISIBILITÉ POUR SA PREMIÈRE PARTIE.
K
NEW EP IN SEP
IL SERAIT CHAUD POUR QUE FÉLIX PLACE DEUX-TROIS SONS !
EH OUAIS, MEC !
FAUT CROIRE QUE L'UN DE NOUS DEUX VA RÉUSSIR À PERCER DANS LA MUSIQUE !
ATTENDS QUE J'AIE SORTI MON ALBUM AUTO-PRODUIT DE REPRISES DES BEATLES AU UKULÉLÉ !
ON VERRA QUI EST LE MEILLEUR.
AH OUAIS ? C'EST MARRANT, JE NE T'AI JAMAIS VU JOUER DEVANT PLUS DE TROIS PERSONNES...
... NI PLUS DE TROIS ACCORDS DIFFÉRENTS.
ÇA S'APPELLE DES POWER CHORDS, INCULTE ! C'EST CE QUI REND MA MUSIQUE UN MINIMUM ÉCOUTABLE !

TU VEUX JOUER AU PLUS FORT ?
ON VA VOIR COMMENT TU TE DÉBROUILLES SUR LE TERRAIN !
LE RESTO ATTENDRA, CANDICE.
J'AI MON HONNEUR À DÉFENDRE !
ALEX ! ET NOTRE RÉSERVATION ?!
ANISSA A RAISON, JE MÉRITE MIEUX !
J'EN AI MARRE QUE TU ME FASSES PASSER AU SECOND PLAN !
C'EST FINI ENTRE NOUS !
HEIN ?
POF

ANISSA ?
UN POINT POUR MOI !
DE QUOI TU TE MÊLES, ENCORE ?
VOUS VOUS ÊTES TOUS LIGUÉS...
... POUR QUE MA MEUF ME QUITTE ?
SHRONK
HAN!
T'AS PAS EU BESOIN DE NOUS POUR ÇA, MON GARS.
SHHHH
C'EST UN DES RARES TRUCS QUE TU AS RÉUSSI À FAIRE TOUT SEUL !
HAN!
OH!
AAH!
MATEZ-MOI CETTE DÉMONSTRATION DE TESTOSTÉRONE...
ALORS QU'ON SAIT TOUS QUE LA VIRILITÉ MODERNE, C'EST D'ÊTRE EN PHASE AVEC SA SENSIBILITÉ.
PAS VRAI ?
FAUT PAS TOMBER DANS LE PATHOS NON PLUS !
JE RESSENS COMME DES TENSIONS DANS L'AIR.
ON SE FAIT UNE SÉANCE DE YOGA LOIN DE LA MASCULINITÉ TOXIQUE ?
ATTENDEZ-MOI !
J'AI BESOIN DE DÉTOX !

BALLE DE MATCH ! ON VA VOIR SI JE SUIS UN PERDANT !
CLIC !
POC !
P
WOOOOOSH
BAH ELLE EST SORTIE, LÀ.
PLOUF
LE POINT EST POUR MOI !
J'AI GAGNÉ !
CRICK
CRACK
FÉLIX LE NULLOS !
WAAAAAH

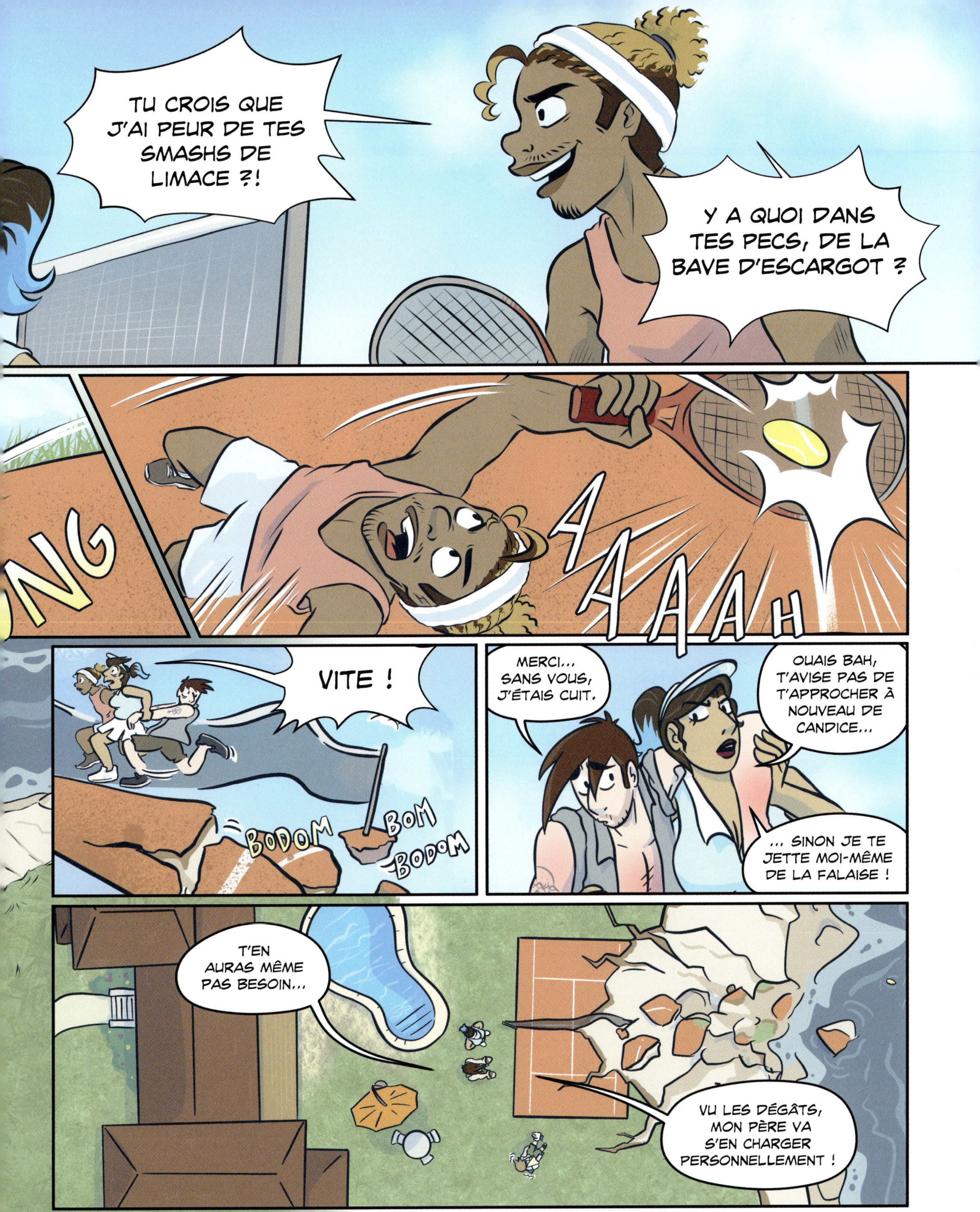
TU CROIS QUE J'AI PEUR DE TES SMASHS DE LIMACE ?!
Y A QUOI DANS TES PECS, DE LA BAVE D'ESCARGOT ?
NG
AAAAAH
VITE !
BODOM
BOM
BODOM
MERCI... SANS VOUS, J'ÉTAIS CUIT.
OUAIS BAH, T'AVISE PAS DE T'APPROCHER À NOUVEAU DE CANDICE...
... SINON JE TE JETTE MOI-MÊME DE LA FALAISE !
T'EN AURAS MÊME PAS BESOIN...
VU LES DÉGÂTS, MON PÈRE VA S'EN CHARGER PERSONNELLEMENT !

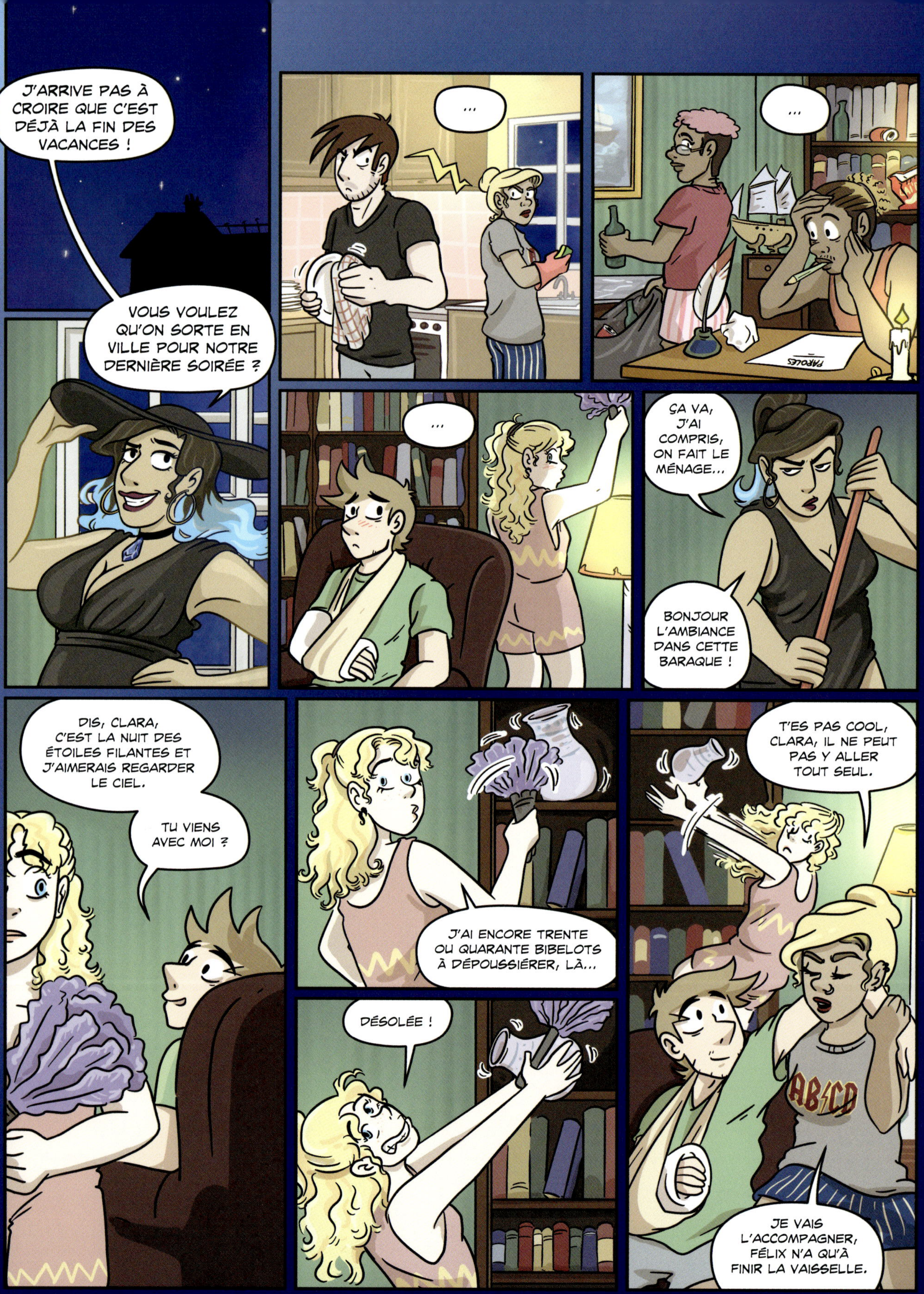
J'ARRIVE PAS À CROIRE QUE C'EST DÉJÀ LA FIN DES VACANCES !
VOUS VOULEZ QU'ON SORTE EN VILLE POUR NOTRE DERNIÈRE SOIRÉE ?
...
...
PAROLES
...
ÇA VA, J'AI COMPRIS, ON FAIT LE MÉNAGE...
BONJOUR L'AMBIANCE DANS CETTE BARAQUE !
DIS, CLARA, C'EST LA NUIT DES ÉTOILES FILANTES ET J'AIMERAIS REGARDER LE CIEL.
TU VIENS AVEC MOI ?
J'AI ENCORE TRENTE OU QUARANTE BIBELOTS À DÉPOUSSIÉRER, LÀ...
DÉSOLÉE !
T'ES PAS COOL, CLARA, IL NE PEUT PAS Y ALLER TOUT SEUL.
AB/CD
JE VAIS L'ACCOMPAGNER, FÉLIX N'A QU'À FINIR LA VAISSELLE.

JE SUIS BIEN CONTENTE D'ÊTRE SORTIE DE CETTE VILLA DE L'ENFER.
UNE MINUTE DE PLUS AVEC ALEX ET J'ALLAIS COMMETTRE UN MEURTRE !
J'AURAIS PEUT-ÊTRE DÛ ATTENDRE LA RENTRÉE POUR LE LARGUER...
ÇA A UN PEU PLOMBÉ NOS VACANCES.
PAS PLUS QUE MON RENCARD DE LA GÊNE AVEC CLARA !
DEPUIS, ELLE ME CALCULE À PEINE.
POURTANT, L'EXPO QUE TU M'AVAIS CONSEILLÉE LUI A VRAIMENT PLU !
OH, TU SAIS, MÊME SI ON N'EST PLUS SUPER COPINES, JE SUIS TRÈS ATTACHÉE À ELLE.
J'AVAIS ENVIE QU'ELLE PASSE UN BON MOMENT.
ET J'ADORE JOUER LES CUPIDONS !
C'ÉTAIT UN BON MOMENT !
J'AI JUSTE TOUT GÂCHÉ, COMME D'HABITUDE.
D'ABORD MARIE, MAINTENANT CLARA...
J'AI AUCUN TALENT AVEC LES MEUFS.
TU PENSES QU'UN JOUR QUELQU'UN VOUDRA DE MOI ?

JE SUIS LOIN DU CLICHÉ DU GRAND MUSCLÉ QUI A LA TCHATCHE ET QUI PLAÎT AUX NANAS.
TU VEUX DIRE UN MEC COMME ALEX ?
HEUREUSEMENT.
TIENS, SI ÇA PEUT TE RASSURER, JE VAIS TE RÉVÉLER UN TRUC MAXI GÊNANT.
VAS-Y !
MAIS TU PROMETS DE NE PAS TE MOQUER !
GUEULE DE BOIS, VERRE DE BIÈRE...
... SI JE MENS, J'AVALE DE L'ÉTHER.
TU TE SOUVIENS DE TA PREMIÈRE GROSSE SOIRÉE À LA CAVERNE ?
AH, MON PREMIER CONTRÔLE DE POLICE ? COMMENT L'OUBLIER...
À LA BASE, QUAND TU M'AS INVITÉE, JE PENSAIS QU'ON NE SERAIT QUE TOUS LES DEUX.
COMME UN RENDEZ-VOUS, QUOI.
BON, J'Y ALLAIS UN PEU POUR RENDRE ALEX JALOUX...
... MAIS J'ÉTAIS QUAND MÊME CONTENTE !
JE M'ÉTAIS FAITE BELLE ET TOUT.
WAAAH, C'EST POUR ÇA QUE T'AVAIS MIS TA ROBE ROUGE !
TU T'EN SOUVIENS ? T'ES SUPER ATTENTIF.

ALEX N'A JAMAIS REMARQUÉ LES EFFORTS QUE JE FAISAIS POUR LUI.
ABCD
COMME PORTER DES T-SHIRTS DE ROCK DÉBILES.
ALORS QUE MON CHANTEUR PRÉFÉRÉ...
... C'EST CHARLES AZNAVOUR.
JE ME DEMANDE CE QUE J'AI FAIT POUR ÊTRE TRAITÉE COMME ÇA.
ON DIRAIT QUE C'EST À MON TOUR DE TE RASSURER.
T'AS RIEN FAIT DE MAL, T'INQUIÈTE, C'EST JUSTE LUI QUI NE TE MÉRITAIT PAS.
ARRÊTE DE TE PRENDRE LA TÊTE POUR CE BOUFFON.
TOI AUSSI TU MÉRITES D'ÊTRE AVEC QUELQU'UN QUI TE REND HEUREUX.
MERCI, LÉON.
T'ES UN MEC BIEN.

Rentrée des crasses

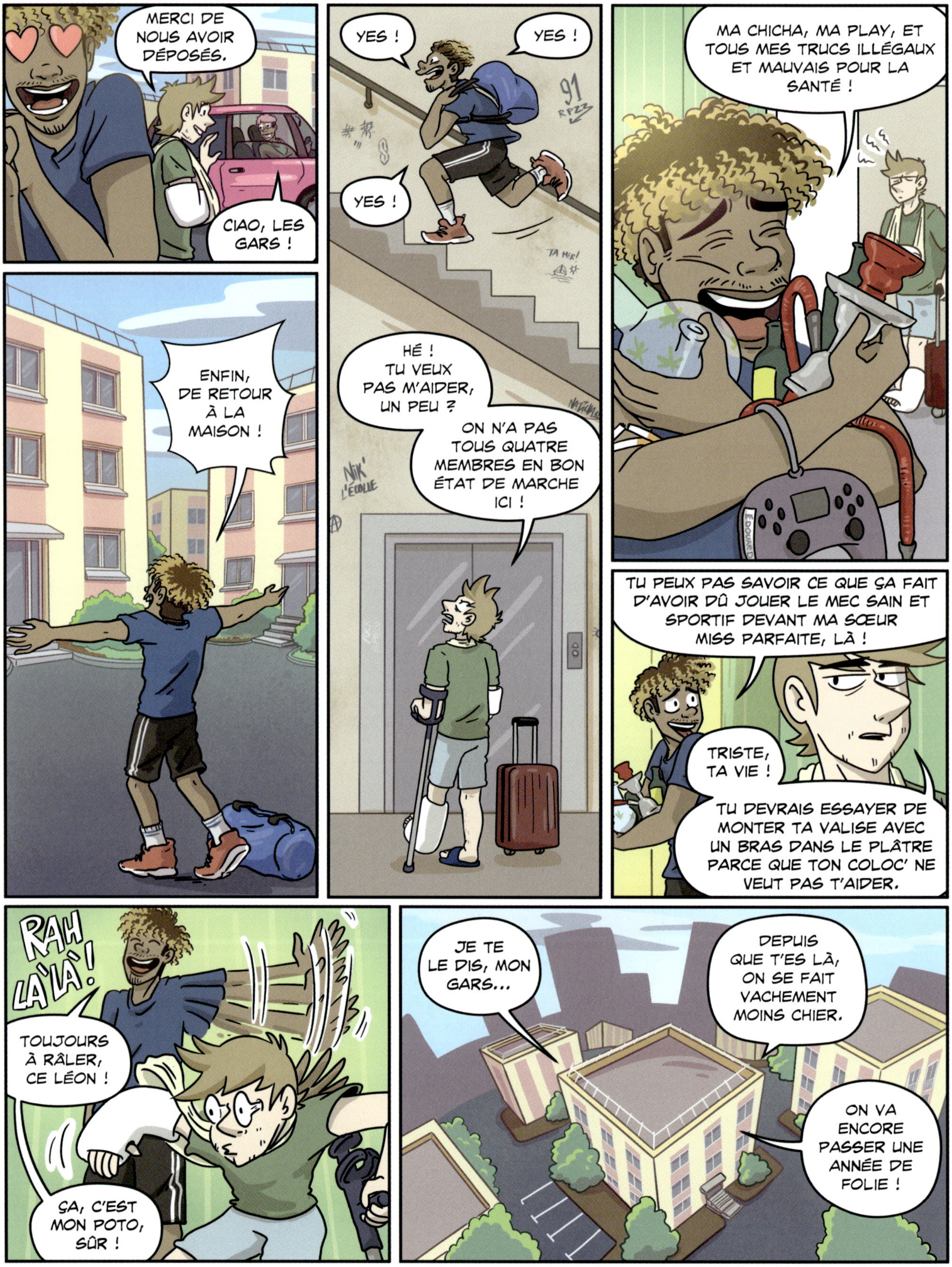

MERCI DE NOUS AVOIR DÉPOSÉS.
CIAO, LES GARS !
YES !
YES !
YES !
MA CHICHA, MA PLAY, ET TOUS MES TRUCS ILLÉGAUX ET MAUVAIS POUR LA SANTÉ !
ENFIN, DE RETOUR À LA MAISON !
HÉ ! TU VEUX PAS M'AIDER, UN PEU ?
ON N'A PAS TOUS QUATRE MEMBRES EN BON ÉTAT DE MARCHE ICI !
TU PEUX PAS SAVOIR CE QUE ÇA FAIT D'AVOIR DÛ JOUER LE MEC SAIN ET SPORTIF DEVANT MA SŒUR MISS PARFAITE, LÀ !
TRISTE, TA VIE !
TU DEVRAIS ESSAYER DE MONTER TA VALISE AVEC UN BRAS DANS LE PLÂTRE PARCE QUE TON COLOC' NE VEUT PAS T'AIDER.
RAH LA LÀ !
TOUJOURS À RÂLER, CE LÉON !
ÇA, C'EST MON POTO, SÛR !
JE TE LE DIS, MON GARS...
DEPUIS QUE T'ES LÀ, ON SE FAIT VACHEMENT MOINS CHIER.
ON VA ENCORE PASSER UNE ANNÉE DE FOLIE !

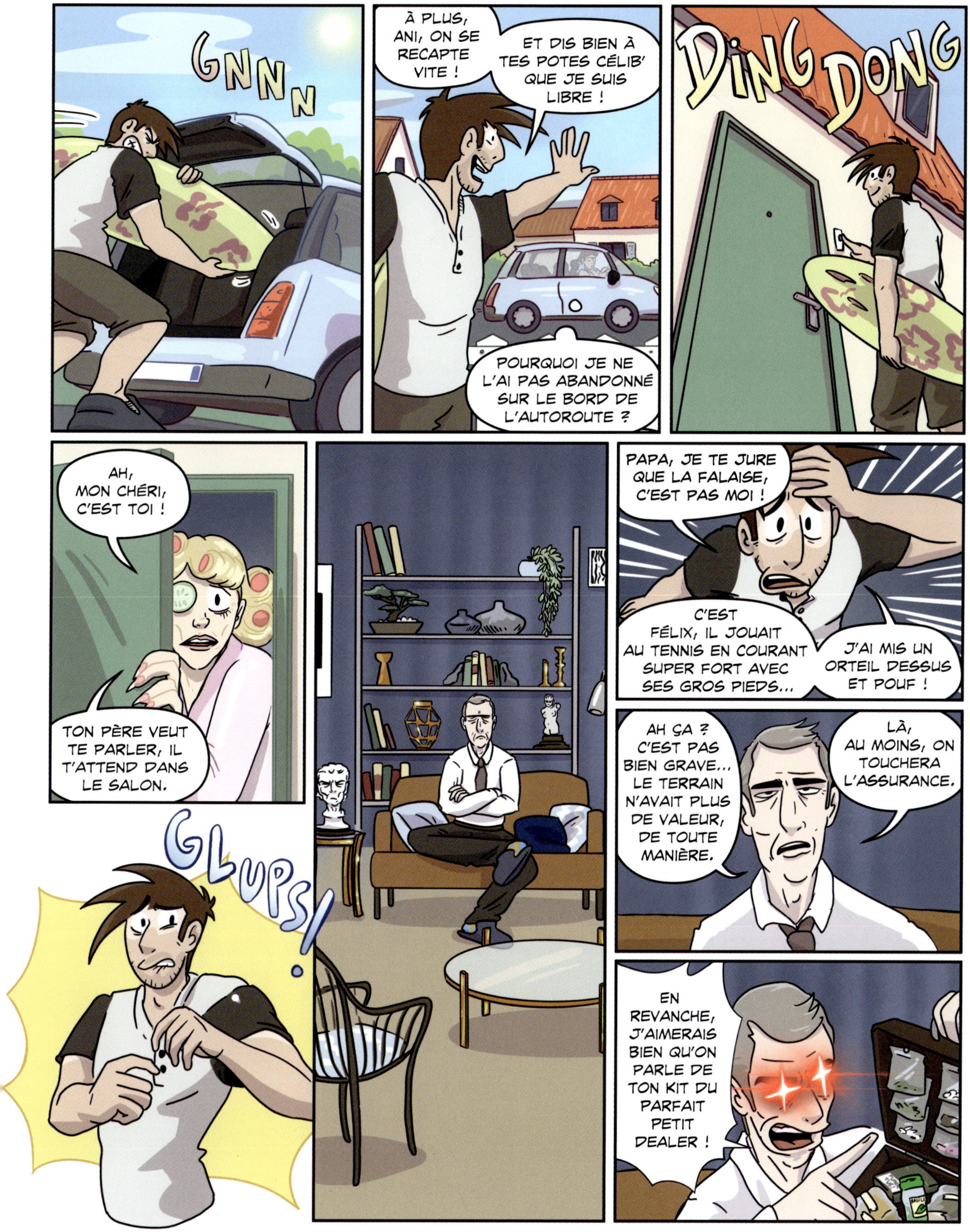
GNNN
À PLUS, ANI, ON SE RECAPTE VITE !
ET DIS BIEN À TES POTES CÉLIB' QUE JE SUIS LIBRE !
POURQUOI JE NE L'AI PAS ABANDONNÉ SUR LE BORD DE L'AUTOROUTE ?
DING DONG
AH, MON CHÉRI, C'EST TOI !
TON PÈRE VEUT TE PARLER, IL T'ATTEND DANS LE SALON.
GLUPS !
PAPA, JE TE JURE QUE LA FALAISE, C'EST PAS MOI !
C'EST FÉLIX, IL JOUAIT AU TENNIS EN COURANT SUPER FORT AVEC SES GROS PIEDS…
J'AI MIS UN ORTEIL DESSUS ET POUF !
AH ÇA ? C'EST PAS BIEN GRAVE… LE TERRAIN N'AVAIT PLUS DE VALEUR, DE TOUTE MANIÈRE.
LÀ, AU MOINS, ON TOUCHERA L'ASSURANCE.
EN REVANCHE, J'AIMERAIS BIEN QU'ON PARLE DE TON KIT DU PARFAIT PETIT DEALER !

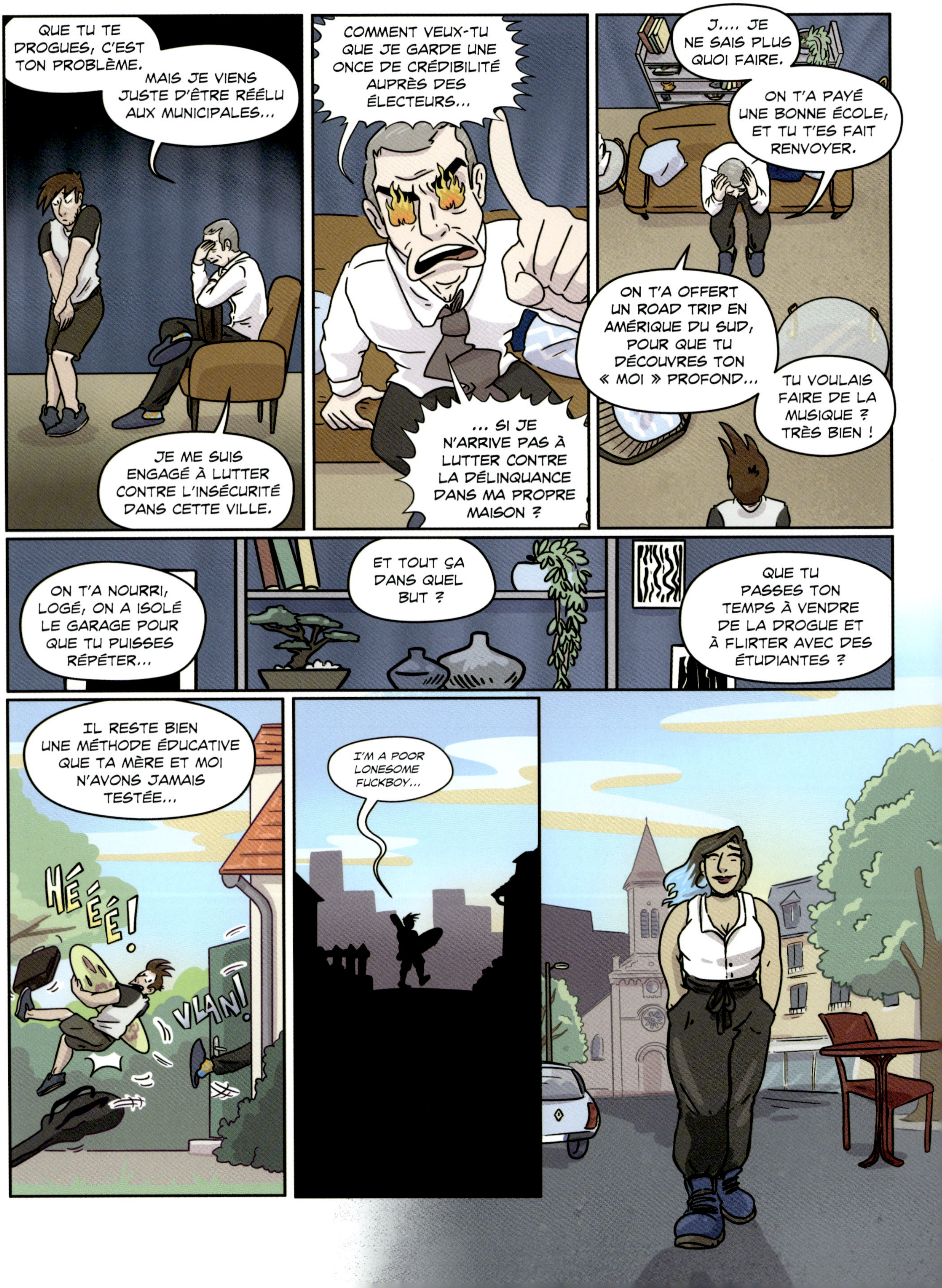
QUE TU TE DROGUES, C'EST TON PROBLÈME.
MAIS JE VIENS JUSTE D'ÊTRE RÉÉLU AUX MUNICIPALES...
JE ME SUIS ENGAGÉ À LUTTER CONTRE L'INSÉCURITÉ DANS CETTE VILLE.
COMMENT VEUX-TU QUE JE GARDE UNE ONCE DE CRÉDIBILITÉ AUPRÈS DES ÉLECTEURS...
... SI JE N'ARRIVE PAS À LUTTER CONTRE LA DÉLINQUANCE DANS MA PROPRE MAISON ?
J.... JE NE SAIS PLUS QUOI FAIRE.
ON T'A PAYÉ UNE BONNE ÉCOLE, ET TU T'ES FAIT RENVOYER.
ON T'A OFFERT UN ROAD TRIP EN AMÉRIQUE DU SUD, POUR QUE TU DÉCOUVRES TON « MOI » PROFOND...
TU VOULAIS FAIRE DE LA MUSIQUE ? TRÈS BIEN !
ON T'A NOURRI, LOGÉ, ON A ISOLÉ LE GARAGE POUR QUE TU PUISSES RÉPÉTER...
ET TOUT ÇA DANS QUEL BUT ?
QUE TU PASSES TON TEMPS À VENDRE DE LA DROGUE ET À FLIRTER AVEC DES ÉTUDIANTES ?
IL RESTE BIEN UNE MÉTHODE ÉDUCATIVE QUE TA MÈRE ET MOI N'AVONS JAMAIS TESTÉE...
HÉÉÉ !
VLAN !
I'M A POOR LONESOME FUCKBOY...

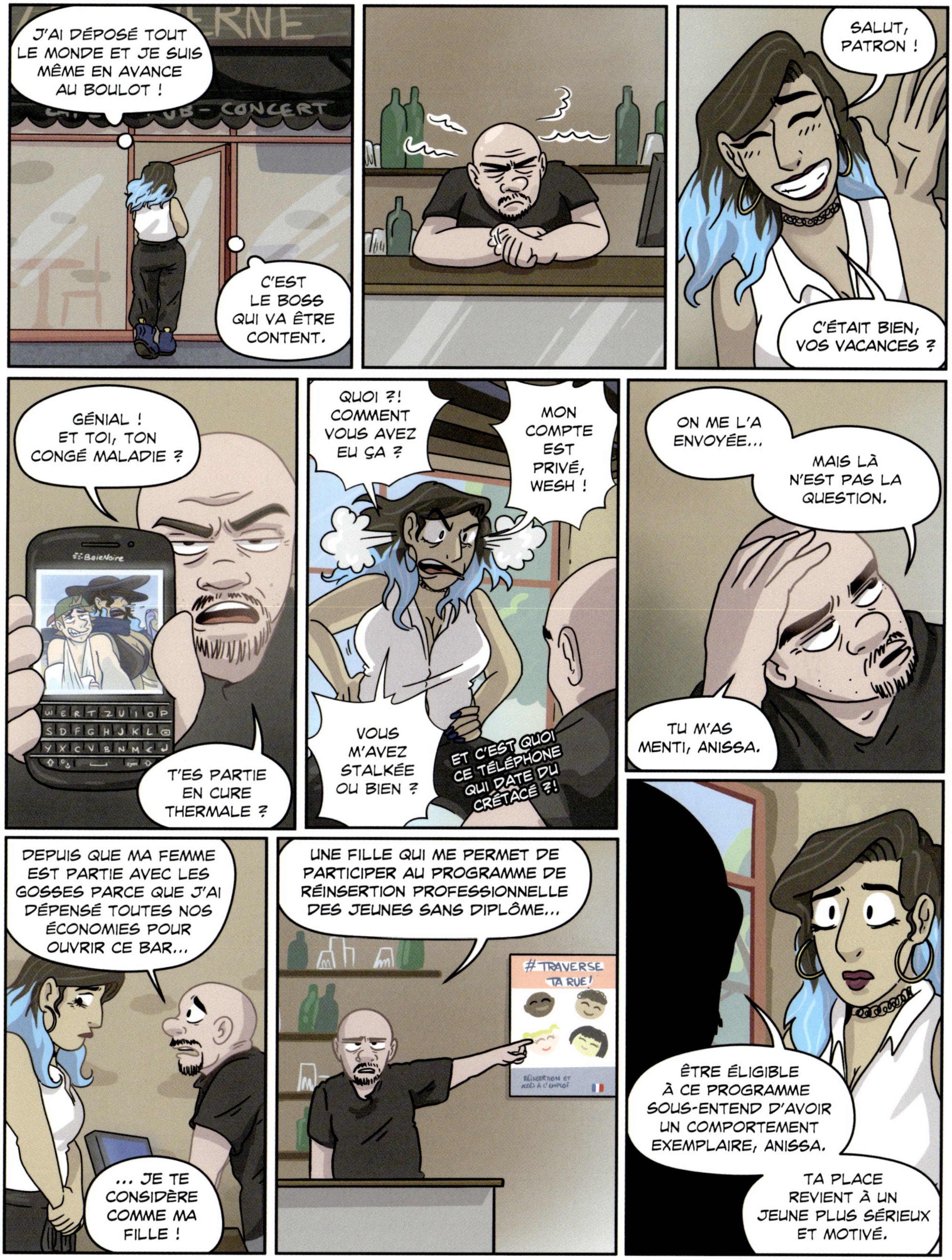
J'AI DÉPOSÉ TOUT LE MONDE ET JE SUIS MÊME EN AVANCE AU BOULOT !
C'EST LE BOSS QUI VA ÊTRE CONTENT.
SALUT, PATRON !
C'ÉTAIT BIEN, VOS VACANCES ?
GÉNIAL ! ET TOI, TON CONGÉ MALADIE ?
T'ES PARTIE EN CURE THERMALE ?
QUOI ?! COMMENT VOUS AVEZ EU ÇA ?
MON COMPTE EST PRIVÉ, WESH !
VOUS M'AVEZ STALKÉE OU BIEN ?
ET C'EST QUOI CE TÉLÉPHONE QUI DATE DU CRÉTACÉ ?!
ON ME L'A ENVOYÉE...
MAIS LÀ N'EST PAS LA QUESTION.
TU M'AS MENTI, ANISSA.
DEPUIS QUE MA FEMME EST PARTIE AVEC LES GOSSES PARCE QUE J'AI DÉPENSÉ TOUTES NOS ÉCONOMIES POUR OUVRIR CE BAR...
... JE TE CONSIDÈRE COMME MA FILLE !
UNE FILLE QUI ME PERMET DE PARTICIPER AU PROGRAMME DE RÉINSERTION PROFESSIONNELLE DES JEUNES SANS DIPLÔME...
#TRAVERSE TA RUE !
ÊTRE ÉLIGIBLE À CE PROGRAMME SOUS-ENTEND D'AVOIR UN COMPORTEMENT EXEMPLAIRE, ANISSA.
TA PLACE REVIENT À UN JEUNE PLUS SÉRIEUX ET MOTIVÉ.

ET LÀ, IL M'A DIT...
« TU AS UN MOIS POUR DÉPOSER TON PRÉAVIS AVANT DE QUITTER TON POSTE. »
JE T'AVAIS POURTANT PRÉVENUE !
MAIS QUAND TU AS UNE IDÉE EN TÊTE...
SI ÇA PEUT TE CONSOLER, J'AI UNE SUPER NOUVELLE.
ÇA Y EST, MA BOÎTE VA ENFIN OUVRIR LA NOUVELLE AGENCE DE CLERMONT-FERRAND !
ILS ME PROPOSENT UN POSTE DE RESPONSABLE, AVEC UNE AUGMENTATION.
ON POURRAIT TOUT RECOMMENCER LOIN DE PARIS, TOUS LES DEUX, C'EST GÉNIAL !
MAIS... JE...
J'AI TOUTE MA VIE, ICI !
TA VIE ? TU VEUX DIRE TA FAMILLE AVEC LAQUELLE TU ES FÂCHÉE ?
LE JOB QUE TU VIENS DE PERDRE ?
TU SERAS PLUS HEUREUSE AVEC MOI !
SI TES AMIS TIENNENT VRAIMENT À TOI, ILS VIENDRONT TE RENDRE VISITE.
TU VAS VOIR...
TOUT SERA PARFAIT.

GOOD MORNING, LÉOOOON !
C'EST LA RENTRÉE, IL VA FALLOIR RETOURNER À LA FAC !
糞
AU MOINS, IL NE ME BALANCE PLUS SON PLATEAU À LA FIGURE...
ALLEZ, TU VAS PRENDRE TON PETIT CARTABLE...
... ET CLOPINER COMME UN GRAND JUSQU'À LA GARE.
À PLUS, FRANGIN, ET SURTOUT, GARDE LE SMILE !
GRMPF GRR
OUAIS, COMME TU DIS.
DES ESCALIERS ... !
GARE
SALUT, LÉON !
TU AS BESOIN D'AIDE ?
MINCE, C'EST CANDICE !
JE NE L'AI PAS REVUE DEPUIS LA SOIRÉE MAXI-ROMANTIQUE AVEC LES ÉTOILES.
LE MALAISE...
FAUT QUE JE TROUVE UN TRUC À DIRE.

HÉ, CANDICE !
T'AS UN PEU MOINS DE EUH...
CHEVEUX.
OH ! T'AS REMARQUÉ ?
J'AVAIS BESOIN DE CHANGER DE TÊTE !
ÊTRE PLUS LIBRE, PLUS MOI.
PRESS-S
C'EST BIEN, ÇA !
GRAVE, JE PROFITE À FOND DU CÉLIBAT !
TIENS, CE WEEK-END J'ÉTAIS RÉ-BOU, J'AI CHOPÉ QUOI, TROIS-QUATRE MECS ?
GRÈVE
AH OUAIS.
IL EST LOIN, CHARLES AZNAVOUR...
ATTENDS...
C'EST QUOI TOUS CES GENS SUR LES VOIES ?
C'EST LA GRÈVE !
NON À RÉFORM
L'EXCUSE QU'IL NOUS FALLAIT POUR SÉCHER LA MATINÉE !
HEMINOTS EN OLÈRE
SAVONS VEGA 5€ ARTISAN LO
MANIFESTATION NON DÉCLARÉE ! DU BALAI !
ON N'A RIEN FAIT !
ÇA VOUS EN PASSERA L'ENVIE !
MAIS... VOUS NOUS AVEZ GAZÉS AU DÉSODORISANT POUR WC ?
ON A DE GROS PROBLÈMES DE BUDGET DANS LES SERVICES PUBLICS...
EURK... BAH C'EST DÉGUEU, MONSIEUR L'AGENT.
LÉON, TU HABITES PAS LOIN, JE PEUX ME LAVER LES CHEVEUX CHEZ TOI ?
ALLONS-Y.
J'AI ABANDONNÉ L'IDÉE D'ÊTRE À L'HEURE À LA FAC, DE TOUTE MANIÈRE.

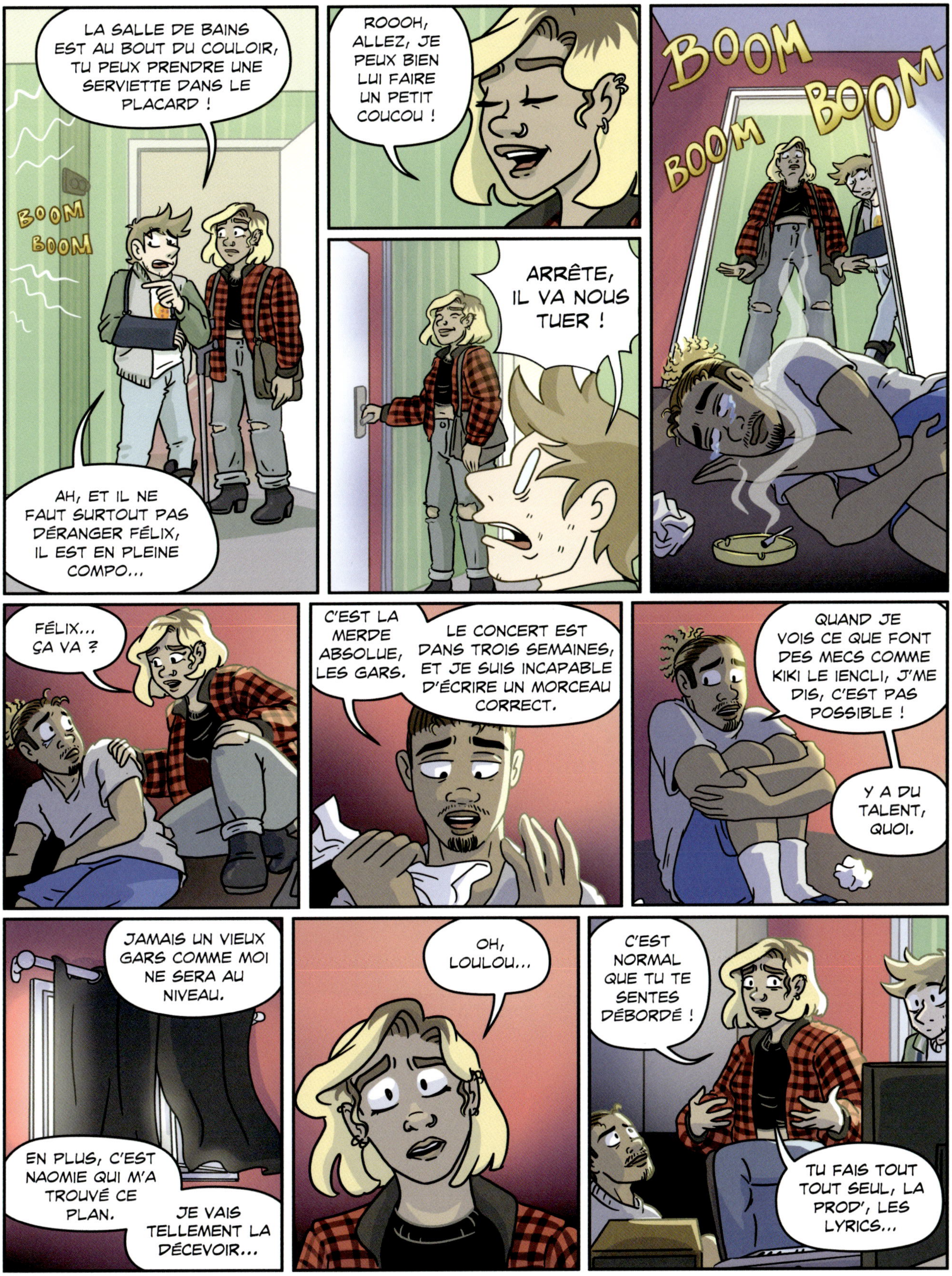
LA SALLE DE BAINS EST AU BOUT DU COULOIR, TU PEUX PRENDRE UNE SERVIETTE DANS LE PLACARD !
BOOM BOOM
AH, ET IL NE FAUT SURTOUT PAS DÉRANGER FÉLIX, IL EST EN PLEINE COMPO...
ROOOH, ALLEZ, JE PEUX BIEN LUI FAIRE UN PETIT COUCOU !
ARRÊTE, IL VA NOUS TUER !
BOOM BOOM BOOM
FÉLIX... ÇA VA ?
C'EST LA MERDE ABSOLUE, LES GARS.
LE CONCERT EST DANS TROIS SEMAINES, ET JE SUIS INCAPABLE D'ÉCRIRE UN MORCEAU CORRECT.
QUAND JE VOIS CE QUE FONT DES MECS COMME KIKI LE IENCLI, J'ME DIS, C'EST PAS POSSIBLE !
Y A DU TALENT, QUOI.
JAMAIS UN VIEUX GARS COMME MOI NE SERA AU NIVEAU.
EN PLUS, C'EST NAOMIE QUI M'A TROUVÉ CE PLAN.
JE VAIS TELLEMENT LA DÉCEVOIR...
OH, LOULOU...
C'EST NORMAL QUE TU TE SENTES DÉBORDÉ !
TU FAIS TOUT TOUT SEUL, LA PROD', LES LYRICS...

LES MECS COMME KIKI METTENT VACHEMENT EN AVANT LEUR RÉUSSITE PERSONNELLE, MAIS C'EST DE LA COMM' !
DERRIÈRE EUX, IL Y A TOUTE UNE ÉQUIPE.
SI TU TE COMPARES À LUI, TU VAS FORCÉMENT TE SENTIR INFÉRIEUR ET TE DÉCOURAGER.
SURTOUT SI TU CONTINUES À T'ISOLER !
ON VA TE FILER UN COUP DE MAIN.
JE PEUX T'AIDER POUR LES TEXTES, SI TU VEUX.
ET MA MÈRE QUI ME DISAIT QU'ON NE POUVAIT RIEN FAIRE AVEC UNE LICENCE DE LETTRES...
« DÉPHASÉ, EN APNÉE, J'TRAÎNE QU'AVEC DES TASPÉS DÉFONCÉES ».
SÉRIEUSEMENT ? TU NOUS VOIS COMME ÇA ?
ET POURQUOI IL Y A ÉCRIT « ÉDOUARD » SUR TES STYLOS ?
MON FLUIDE CRÉATIF, WESH !
PSCHH
MOUAIS...
ÇA N'A PAS L'AIR DE TE DONNER BEAUCOUP D'INSPIRATION.
WOOSH
WOOSH
JE NE PENSAIS PAS QUE FÉLIX POUVAIT SE SENTIR SI VULNÉRABLE ...
JE VAIS JETER UN COUP D'ŒIL À TES INSTRUS !
J'AI FAIT CINQ ANS DE MAO. EN CONSERVATOIRE.
ON COMPOSAIT SURTOUT DES CONCERTOS BAROQUES, MAIS ÇA DOIT PAS ÊTRE BIEN PLUS COMPLIQUÉ...
MERCI POUR LA FORCE, LES AMIS, VOUS GÉREZ DE OUF !
MÊME SI VOUS SENTEZ UN PEU LE KANAR WC.
KIKI LE IENCLI N'A QU'À BIEN SE TENIR !

BINET MÉDICAL
VOUS AVEZ FAIT DE SACRÉS PROGRÈS, JEUNE HOMME !
VOUS ALLEZ BIENTÔT POUVOIR RETOURNER EN BOÎTE DE NUIT !
VOUS AVEZ DE LA CHANCE QUE LA COLONNE NE SOIT PAS TOUCHÉE...
... MAIS C'EST UN SACRÉ BAZAR LÀ-DEDANS.
JE PENSE QUE L'ON VA SE VOIR ENCORE UN PETIT MOMENT.
CARTE VITALE, S'IL VOUS PLAÎT.
AH, VOTRE MUTUELLE N'A PAS ÉTÉ RENOUVELÉE ?
ERROR
J'ATTENDS DE RECEVOIR MA BOURSE, LE DOSSIER EST EN ATTENTE...
JE VAIS AVANCER LES FRAIS, C'EST PAS GRAVE.
OH, JE COMPRENDS, J'AI ÉTÉ ÉTUDIANTE MOI AUSSI. VOUS RÉGLEREZ LA PROCHAINE FOIS.
JE PEUX VOUS APPORTER DE VIEUX VÊTEMENTS DE MON FILS SI VOUS AVEZ BESOIN !
ÇA IRA, MERCI !
LA LOOSE...
IL EST GRAND TEMPS QUE JE ME TROUVE UN TRAVAIL.

C.V.
Léon Pruneau
né le 12/10/99
tél: 06********
Diplômes :
- Brevet des collèges mention TRÈS BIEN
- Bac S mention BIEN
Études :
- Prépa MPSI /MP
- En cours : formation d'ingénieur à Polytech Sorbonne spé. ROB
Expérience professionnelle :
- Vente de gâteaux au profit du conservatoire municipal
Centres d'intérêt :
Musique, lecture, jeux vidéo, sport.
MOUAIS... JE L'AI UN PEU GONFLÉ, CE CV.
S'ILS ME DEMANDENT QUEL SPORT, JE SUIS DANS LA MOUISE.
LES SÉANCES DE KINÉ NE SONT PAS ENCORE UNE DISCIPLINE OLYMPIQUE.
CV
ALLEZ, C'EST PARTI.
DÉSOLÉ, ÇA NE VA PAS LE FAIRE...
ENTREPOT'ES
CHUPER U
PIZZA
RISTORANTE
ON NE PREND PERSONNE.
NON, TOUJOURS PAS.

PERSONNE NE VEUT DE MOI DANS CETTE VILLE !
JE VAIS BOIRE UN VERRE, ÇA ME CHANGERA LES IDÉES.
RECHERCHE
SERVEUR/EUSE
PAS D'EXPÉRIENCE REQUISE.
INCLUS : FORMATION BARMAN 3 SEMAINES
SÉRIEUX ET MOTIVÉ
OUAH !
C'EST BIEN MA VEINE !
SALUT, CHEF !
JE VIENS POUR L'ANNONCE.
RECHERCHE
SUPER, JE TE FAIS PASSER TON ENTRETIEN DANS DIX MINUTES.
TU PEUX ATTENDRE ICI AVEC L'AUTRE CANDIDAT.
HÉÉÉ... ALEX...
HEY ! LUDO, C'EST ÇA ?
LÉON...
C'EST PAS COMME SI ON ÉTAIT PARTIS EN VACANCES ENSEMBLE.
TU... TU CHERCHES DU TRAVAIL, TOI AUSSI ?
OUAIS, MON PÈRE M'A TEJ' DE LA MAISON. JE SQUATTE CHEZ UN POTE...
... MAIS J'AI BESOIN D'UNE SOLUTION À LONG TERME.
SAVON
ET SINON, EUH...
... T'AS DES NOUVELLES DE EUH... CANDICE ?
ELLE NE RÉPOND PLUS À MES MESSAGES...
CANDICE
EUUUUH...
C'EST BON, LES GARÇONS.
ON VA COMMENCER.

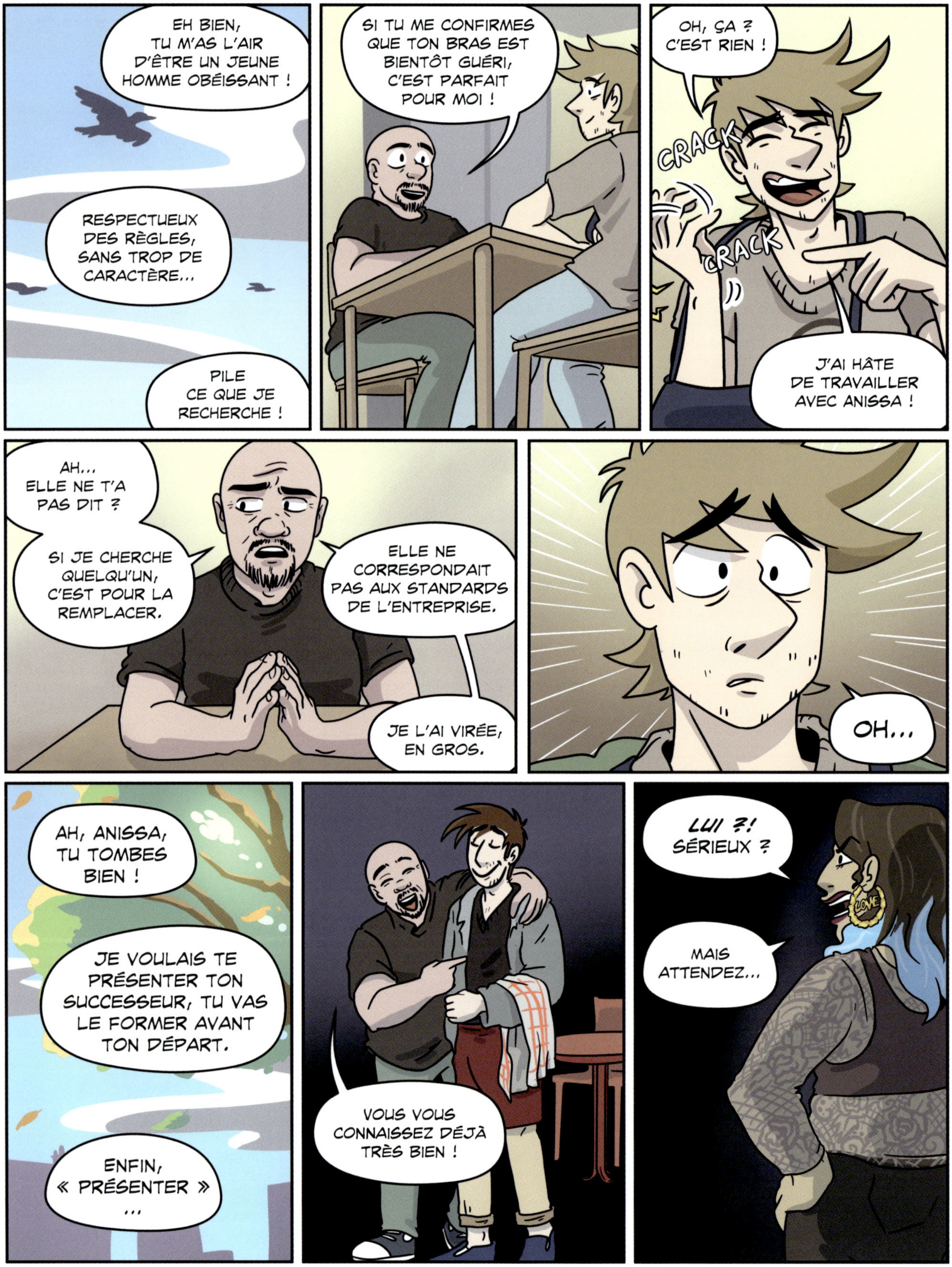
EH BIEN, TU M'AS L'AIR D'ÊTRE UN JEUNE HOMME OBÉISSANT !
RESPECTUEUX DES RÈGLES, SANS TROP DE CARACTÈRE...
PILE CE QUE JE RECHERCHE !
SI TU ME CONFIRMES QUE TON BRAS EST BIENTÔT GUÉRI, C'EST PARFAIT POUR MOI !
OH, ÇA ? C'EST RIEN !
CRACK
CRACK
J'AI HÂTE DE TRAVAILLER AVEC ANISSA !
AH... ELLE NE T'A PAS DIT ?
SI JE CHERCHE QUELQU'UN, C'EST POUR LA REMPLACER.
ELLE NE CORRESPONDAIT PAS AUX STANDARDS DE L'ENTREPRISE.
JE L'AI VIRÉE, EN GROS.
OH...
AH, ANISSA, TU TOMBES BIEN !
JE VOULAIS TE PRÉSENTER TON SUCCESSEUR, TU VAS LE FORMER AVANT TON DÉPART.
ENFIN, « PRÉSENTER »...
VOUS VOUS CONNAISSEZ DÉJÀ TRÈS BIEN !
LUI ?! SÉRIEUX ?
MAIS ATTENDEZ...

DIS AU PATRON QUE T'ES MALADE ET PARS EN VACANCES AVEC NOUS !
PERSONNE NE CAFTERA.
QUELQU'UN M'A ENVOYÉ CETTE PHOTO...
T'ES VIRÉE !
ANISSA ! T'AS MONTÉ CANDICE CONTRE MOI ?!
J'VAIS ME VENGER !
JE VOIS TRÈS CLAIR DANS TON JEU, ALEX...
S'ENSUIVENT QUELQUES SEMAINES DE FORMATION MOUVEMENTÉES...
ON NE SHAKE PAS UN MOJITO, ALEX !
NON ! TU NE PRENDS PAS LES POURBOIRES EN NATURE, MÊME SI « LA MEUF EST BONNE ».
CORVÉE DE VAISSELLE !
EH BAH PURÉE...
C'EST MORT, CE SOIR.
TOUT LE MONDE EST AU CONCERT DE FÉLIX.
ALORS QUE PERSONNE NE VIENT À MES SESSIONS DE ROCK ACOUSTIQUE ?
LES GENS ONT VRAIMENT DES GOÛTS MUSICAUX POURRIS, DE NOS JOURS.
PERSONNE NE VIENT TE VOIR CHANTER CAR TU ES LE PIRE DES ENFOIRÉS.
JE SAIS TRÈS BIEN QUE C'EST TOI QUI M'AS DÉNONCÉE AU BOSS.

POURQUOI TU M'ACCUSES SANS PREUVES ?
JE VIENS DE ME FAIRE LARGUER ET VIRER DE MA MAISON.
TU CROIS QUE J'AI QUE ÇA À FAIRE DE JOUER LES COMMÈRES ?
EN PLUS, TU M'AS SAUVÉ LA VIE AU BORD DE LA FALAISE.
J'SUIS PEUT-ÊTRE UN ENFOIRÉ, MAIS JE T'EN DOIS UNE.
MOUAIS, JE NE SUIS PAS CANDICE, J'Y CROIS À MOITIÉ, À TON BARATIN.
ALORS TU TE TIENS À CARREAU...
... OU JE DIS À MON DARON QUE C'EST TOI LE DEALER DE L'ÉGLISE.
ALLEZ, VA ME RÉCURER LES CHIOTTES.
ET QUE ÇA BRILLE !
J'VEUX POUVOIR FAIRE DES SELFIES DANS LA CUVETTE.
LA CAVERNE
PENDANT CE TEMPS...
KiKi LE iENCLi & GUESTS
WESH, NAOMIE !
SYMPA, LES TRESSES.
SALUT, PETIT FRÈRE ! PRÊT POUR TON PREMIER SHOW ?
JE VAIS TE PRÉSENTER À KIKI ET SA COPINE.
YO, FÉLIX !
Dark
RAVI DE TE COMPTER DANS LA TEAM DES NOUVEAUX TALENTS.
OH MY GOD ! KIKI LE IENCLI M'A PARLÉ !

ON VA LES LAISSER ENTRE ARTISTES...
JE VAIS NOUS CHERCHER DES BIÈRES.
HEY...
HEY...
JE SUIS DÉSOLÉE D'AVOIR ÉTÉ AUSSI FROIDE AVEC TOI CET ÉTÉ. TU N'AVAIS PAS L'AIR EN FORME...
... ET QUAND UN DE MES AMIS EST DÉPRIMÉ, J'AI LA FÂCHEUSE TENDANCE DE PRENDRE DE LA DISTANCE POUR NE PAS QUE ÇA M'ATTEIGNE.
ROH NAN, JE T'AI SAOULÉE AVEC MES PROBLÈMES ?
NON, C'EST MOI QUI NE SAIS PAS GÉRER MON HYPERSENSIBILITÉ.
MAIS ÇA VA DE MIEUX EN MIEUX !
ON S'EST INSCRITES À UN COURS DE MÉDITATION AVEC NAOMIE, JE FAIS UN GROS TRAVAIL SUR MOI.
COOL, ALORS ! DU COUP, ON EST TOUJOURS POTES ?
AMIS POUR LA VIE !
MAIS ATTENDS...
TU VOIS LA SŒUR DE FÉLIX SANS LE RESTE DU GROUPE ?
BAH OUI ! ON SE FAIT MÊME DES RESTOS AVEC ANISSA.
ON A UNE VIE EN DEHORS DE VOUS, LES GARÇONS !

... NON, EN FAIT, J'AI GRANDI DANS LE 17E, MAIS JE SUIS FAN DE VOTRE CULTURE !
ON ALLAIT SOUVENT À BARBÈS AVEC MES POTES.
NOTRE CULTURE ?
OUAIS, LA STREET !
PITIÉ, FAITES-LE TAIRE...
PEW PEW, V'LÀ LA BAC !
TU ES SÛRE QU'ON A LE DROIT DE FUMER, ICI ?
T'INQUIÈTE.
VIENS, JE VAIS TE PRÉSENTER AU PRODUCTEUR DE KIKI.
C'EST UN ANCIEN RAPPEUR DES ANNÉES 2000 QUI A MONTÉ SON LABEL.
TU POURRAS LUI PARLER DE TON FRÈRE.
MC ?
JE T'AI APPORTÉ CE QUE TU VOULAIS.
MC UGO ?!
BONJOUR, NAOMIE.
TIENS, LOUISE, JE T'AI AUSSI APPORTÉ CE QUE TU VOULAIS.
WAAH
DONC, TU T'ES MISE AU DÉVELOPPEMENT PERSONNEL ?
C'EST DOMMAGE QUE T'AIES ARRÊTÉ LES PHOTOS DE MODE...
MERCI, MAIS JE SUIS TRÈS BIEN COMME ÇA.
HM HMM...
ET TU AS RÉFLÉCHI À MON AUTRE PROPOSITION ?
JE SUIS TOUJOURS AUSSI LESBIENNE QU'IL Y A DEUX ANS, UGO.
N'IMPORTE QUOI.
TU NE SAIS JUSTE PAS CE QUE C'EST, UN VRAI HOMME !
LAISSE-MOI TE MONTRER.

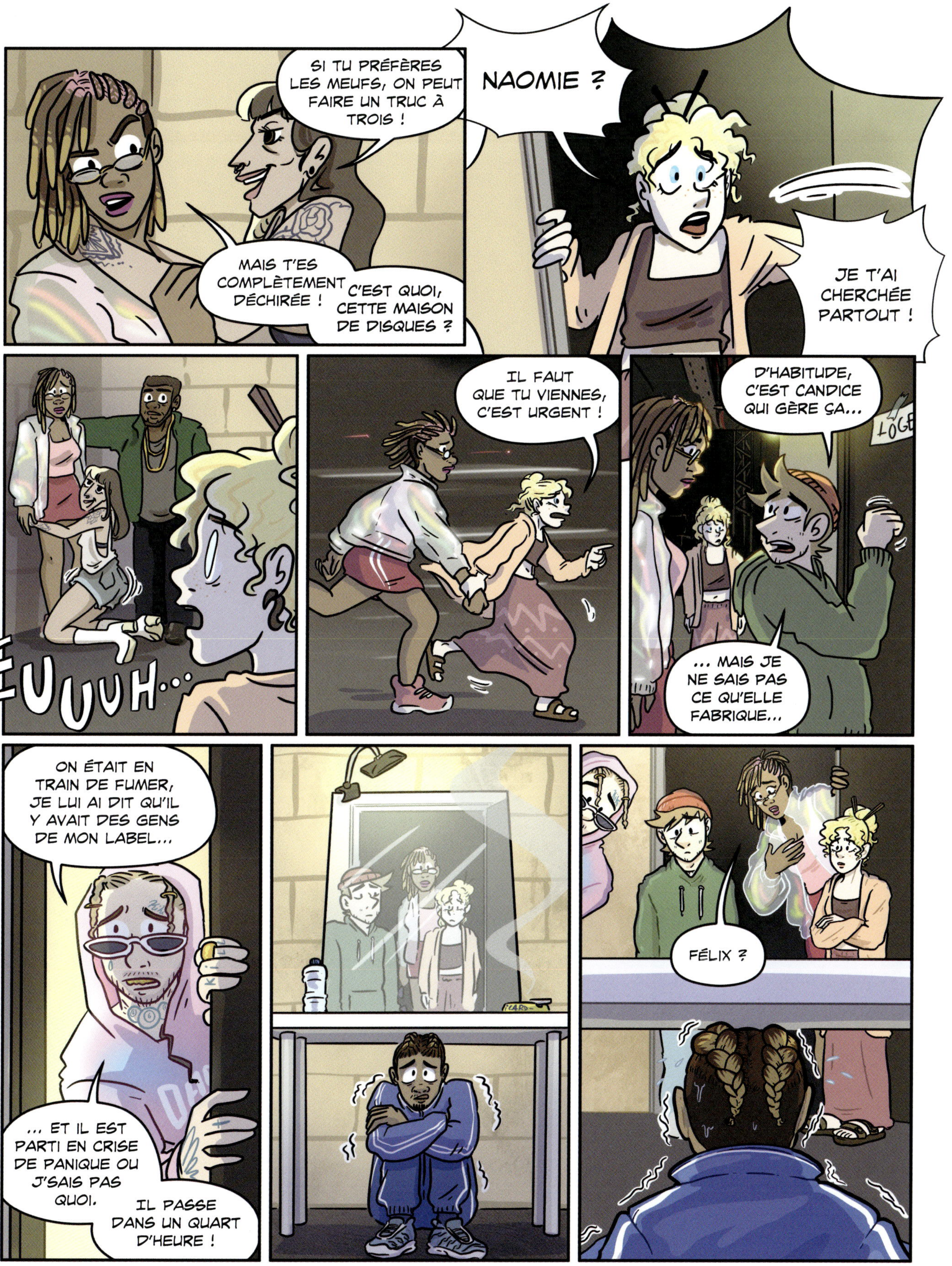

SI TU PRÉFÈRES LES MEUFS, ON PEUT FAIRE UN TRUC À TROIS !
MAIS T'ES COMPLÈTEMENT DÉCHIRÉE !
C'EST QUOI, CETTE MAISON DE DISQUES ?
NAOMIE ?
JE T'AI CHERCHÉE PARTOUT !
EUUUH...
IL FAUT QUE TU VIENNES, C'EST URGENT !
D'HABITUDE, C'EST CANDICE QUI GÈRE ÇA...
LOGE
... MAIS JE NE SAIS PAS CE QU'ELLE FABRIQUE...
ON ÉTAIT EN TRAIN DE FUMER, JE LUI AI DIT QU'IL Y AVAIT DES GENS DE MON LABEL...
... ET IL EST PARTI EN CRISE DE PANIQUE OU J'SAIS PAS QUOI.
IL PASSE DANS UN QUART D'HEURE !
FÉLIX ?

PETIT FRÈRE...
ARRÊTE DE FAIRE LE MALIN, TU MONTES SUR SCÈNE DANS DIX MINUTES !
CE CONCERT...
J'LE SENS PAS, NAOMIE.
T'AS VU TOUS LES GENS QUI ATTENDENT, DEHORS ?
ILS SERONT LÀ, DANS LA SALLE, À ME JUGER ET TOUT...
EN PLUS, KIKI M'A DIT QU'IL Y AVAIT DES CHASSEURS DE TÊTES CE SOIR.
CES GARS SONT TROP CHAUDS POUR MOI, J'AI PAS MA PLACE ICI.
TU ES EXACTEMENT LÀ OÙ TU DEVRAIS ÊTRE.
CE PUBLIC QUI TE STRESSE, CE SONT TES POTES QUI VEULENT TE VOIR CHANTER.
TU RÉALISES TON RÊVE DE DEVENIR MUSICIEN !
TU PARLES D'UN RÊVE...
JE SUIS UNE GROSSE BLAGUE.
EN VRAI, JE VOULAIS JUSTE ÊTRE AGENT IMMOBILIER.
MAIS BON, VOILÀ, J'AI PLUS DE TAF, J'AI PLUS RIEN DANS MA VIE...
JE DIS QUE JE FAIS DU SON POUR PAS PASSER POUR UN GLANDEUR FINI.
DOOONC...
LE BEAU DISCOURS QUE T'AS SORTI AUX DARONS, GENRE « JE SUIS PAS AU CHÔMAGE, J'AI UN PROJET ARTISTIQUE »...
... C'ÉTAIT UN VIEUX MYTHO POUR RESTER CHEZ TOI À FUMER TES MERDES ?
JE VAIS LUI PARLER !

FÉLIX, JE CROIS QUE LE STRESS TE FAIT DIRE DES BÊTISES.
POUVOIR MONTRER SON TRAVAIL À UN LARGE PUBLIC EST UNE CHANCE À SAISIR QUAND ON EST ARTISTE !
JE SUIS SÛRE QUE TU T'ÉPANOUIRAS PLUS EN EXPRIMANT TA CRÉATIVITÉ SUR SCÈNE QUE DANS UN BOULOT ENNUYEUX.
... C'EST POUR ÇA QUE T'AS ABANDONNÉ L'ART POUR DES ÉTUDES DE DROIT ?
AUCUN RAPPORT.
LES FILLES ONT L'AIR DE GALÉRER...
JE DEVRAIS PEUT-ÊTRE ESSAYER DE LE MOTIVER À MON TOUR.
HEY, MEC...
POUR AVOIR FAIT PAS MAL DE CONCERTS DE HAUTBOIS...
... JE SAIS À QUEL POINT C'EST DUR D'AVOIR LE TRAC.
MAIS TON CHÔMAGE SE FINIT À LA FIN DU MOIS, ET VU L'ÉTAT DE MON COMPTE EN BANQUE, IL EST HORS DE QUESTION QUE JE TE PRÊTE DE L'ARGENT !
ALORS TU TE BOUGES LE FION, TU VENDS TES CHANSONS...
... ET TU RAMÈNES DU BIFF À LA MAISON !
MA VIE EST EN DANGER ! VITE, FILE-MOI UN MICRO !

MUSIQUE : OISEAU MÉCANIQUE DE DAN KDH
J'AI SON PARFUM DANS LA TÊTE...
J'M'ÉLOIGNE DE LA FÊTE...
ET TU VOIS CET ARRANGEMENT, LÀ...
... C'EST MOI QUI...
CHHHHH !
T'SAIS, J'AI TROP LA HAINE,
QUE MA PEUR M'EMMÈNE LOIN.
J'CONTRÔLE PAS MON DESTIN.

DANS LA CAGE Y A PLUS D'SOURIRE, OUAIS !
C'EST COMME SI J'VOULAIS PAS M'EN SORTIR, OUAIS !
F-XXX
OISEAU MÉCANIQUE
FELIX
OISEAU MÉCANIQUE, J'PEUX PAS VRAIMENT BATTRE DES AILES.
J'VOIS MON CORPS MON CŒUR,
MON FUTUR DEVENIR DÉSERT.

EXIT
FÉLIX, ON T'AIME !
ET ON DONNE TOUS DE LA FORCE À F-XXX, LE DERNIER « PREMIÈRE SCÈNE » DE LA SOIRÉE, EN ALLANT LE FOLLOW SUR LES RÉSEAUX !...
... AVANT D'ACCUEILLIR KIKI LE IENCLI !

C'ÉTAIT MA DERNIÈRE SOIRÉE AU BAR...
TIENS, CE SONT TES CLEFS, DÉSORMAIS.
TU FERMERAS BIEN LA PORTE DE DERRIÈRE, JE DOIS FILER.
TU VAS OÙ COMME ÇA ?
CHEZ FÉLIX, À L'AFTER DE SON CONCERT.
COOL, JE VOUS REJOINS DANS VINGT MINUTES !
EUH... C'ÉTAIT PAS UNE INVITATION. ET PUIS IL Y AURA TON EX, JE NE SUIS PAS SÛRE QU'ELLE AIT ENVIE DE TE VOIR.
MA CANDICE...

7
L'after

LÉON, LES FILLES, ANI EST ARRIVÉE !
CONTRE-SOIRÉE DANS LA CUISINE ?
ALORS, C'ÉTAIT COMMENT ?
LE FEU, MEUF.
J'AI TOUT DÉCHIRÉ.
ET EN PLUS, J'AI UN TRUC À VOUS DIRE...
MAIS VOUS RÉPÉTEZ PAS AUX AUTRES, OK ?
EN GROS, IL Y AVAIT LE LABEL MANAGER DE KIKI EN COULISSES.
IL EST VENU ME PARLER À LA FIN DU CONCERT !
Uncle West
BIEN JOUÉ, PETIT !
JE NE VAIS PAS TE MENTIR, MUSICALEMENT T'ES PAS ENCORE TRÈS AU POINT.
MAIS LE CHARISME, LA PRÉSENCE, C'EST LÀ, QUOI.
CE SERAIT BIEN QUE TU PASSES AU STUDIO UN DE CES QUATRE !
UGO DIBANGO
LABEL MANAGER
ON A BESOIN DE GARS MOTIVÉS COMME TOI.

OUAH, MAIS C'EST GÉNIAL, FÉLIX !
T'OUBLIERAS PAS LES COPAINS QUAND TU SERAS CÉLÈBRE, PAS VRAI ?
C'EST RIEN, ON N'EN EST PAS ENCORE LÀ, J'AI JUSTE...
... LA CARTE PERSO DE MC UGO !
MOUAIS.
FRANCHEMENT, JE NE SAIS PAS TROP QUOI EN PENSER.
C'ÉTAIT TON PREMIER CONCERT, IL Y A UNE HEURE TU ÉTAIS EN PLEINE CRISE D'ANGOISSE !...
... ET LÀ TU VEUX SIGNER AVEC UNE MAISON DE DISQUES ?
ÇA VA UN PEU VITE.
J'AI BOSSÉ AVEC UGO, CE MEC EST TOUT SAUF CLEAN.
SI J'ÉTAIS TOI, JE RÉFLÉCHIRAIS AVANT D'APPELER.
EXCUSE-MOI, MAIS...
T'ES QUI POUR LUI DIRE CE QU'IL DOIT FAIRE ?
T'AS LAISSÉ TOMBER FÉLIX PENDANT DES ANNÉES POUR TA CARRIÈRE D'INFLUENCEUSE OU JE SAIS PAS QUOI.
ET TU REVIENS, EN MODE...
... « MON PETIT FRÈRE ADORÉ, TU VAS ACCÉDER À LA POPANCE GRÂCE À TOUS MES AMIS CÉLÈBRES ! »...
... POUR LUI DIRE DANS LA FOULÉE QUE FINALEMENT, NON, FAUT LAISSER FILER CETTE OCCASION ?
MISKINA.
VIENS, FÉLIX, FAUT PAS ÉCOUTER CETTE RAGEUSE.

MOI, JE TE CROIS.
JE NE SAIS PAS CE QUI S'EST PASSÉ ENTRE UGO ET TOI...
... MAIS IL AVAIT L'AIR DE TE METTRE TRÈS MAL À L'AISE.
OH, C'EST UNE LONGUE HISTOIRE...
VOUS ÉTIEZ ENCORE AU LYCÉE.
QUAND J'AI COMMENCÉ MES ÉTUDES, JE GALÉRAIS NIVEAU THUNES.
COMME J'ÉTAIS GRANDE ET MUSCLÉE, J'AI POSTULÉ POUR POSER DANS LE CATALOGUE D'UNE BOUTIQUE DE SPORT.
DÉCHATONS
YOU CAN MIAOU IT!
J'AI FAIT DEUX-TROIS SHOOTINGS, J'AI BIEN KIFFÉ.
Harnais running 29.99
Short 44.99
Baskets 84.45
DE PISTON EN PISTON, ON M'A PROPOSÉ DE POSER POUR UNE MARQUE DE LINGERIE.
2 BONNETS POUR LE PRIX D'1
Maussade LINGERIE
C'EST LÀ QUE MON NOMBRE D'ABONNÉS A COMMENCÉ À GRIMPER.
naomie_off
294 Publications
18,5K Abonnés
356 Abonnements
Naomie 🌈
972 ❤️ 91 🏠 1995 child
Modèle #déchatons et #maussadelingerie
Body Positive #selfloveclub
LGBTQI + ~~safe space~~
UGO NOUS AVAIT REPÉRÉES, DES COPINES ET MOI, ET PROPOSÉ DE TOURNER DANS UN CLIP DE RAP.
IL N'Y AVAIT PAS DE BOÎTE DE PROD' NI RIEN, ÇA AURAIT DÛ ME METTRE LA PUCE À L'OREILLE.
LA PAIE ÉTAIT BONNE, MAIS IL FALLAIT SUPPORTER SA LOURDEUR ET SES MAINS BALADEUSES.
CERTAINES FILLES ONT ACCEPTÉ DE COUCHER AVEC LUI...
POUR MOI, CE N'ÉTAIT MÊME PAS LA PEINE, ALORS IL M'A VIRÉE SANS ME LAISSER UN CENTIME.

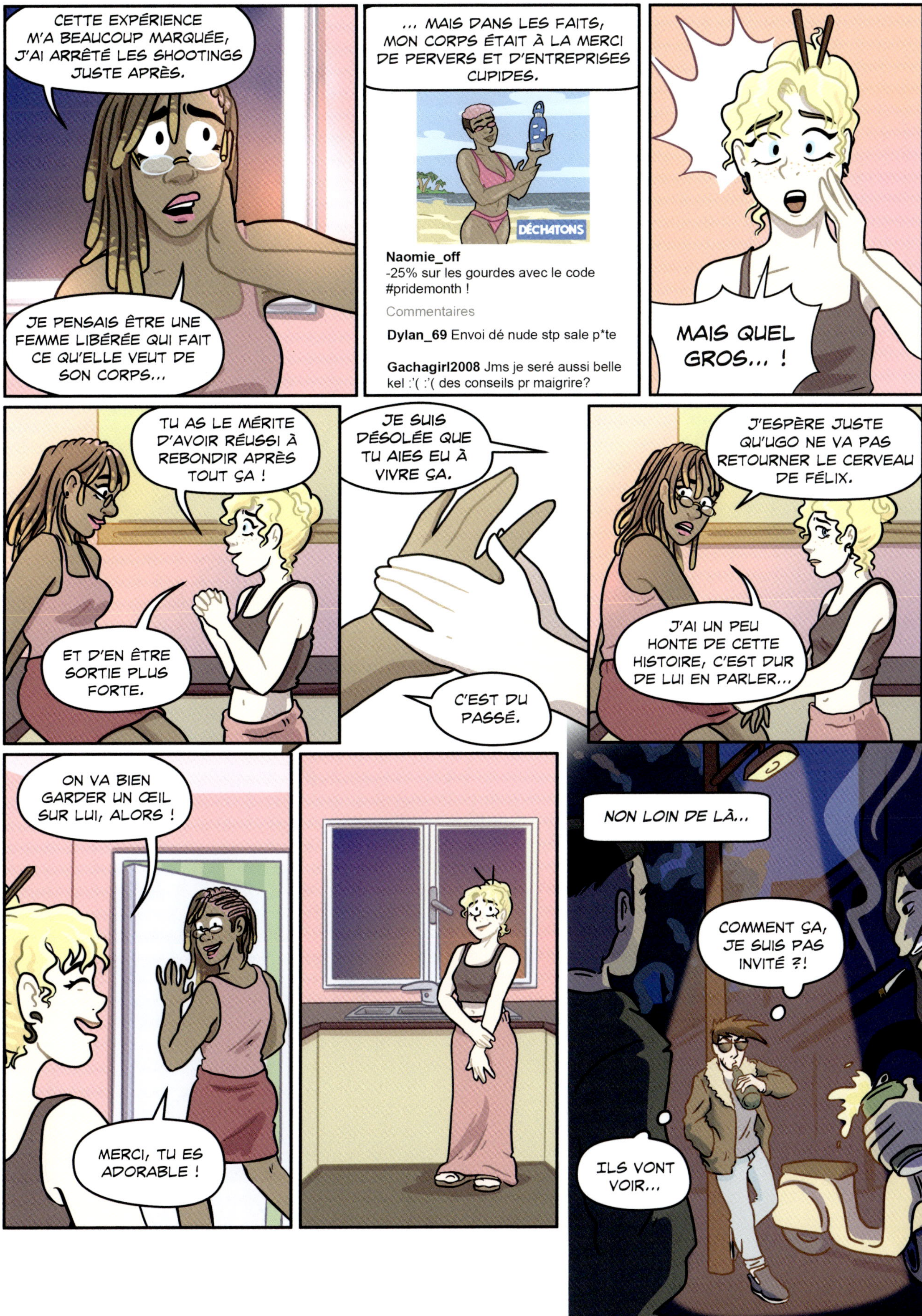
CETTE EXPÉRIENCE M'A BEAUCOUP MARQUÉE, J'AI ARRÊTÉ LES SHOOTINGS JUSTE APRÈS.
JE PENSAIS ÊTRE UNE FEMME LIBÉRÉE QUI FAIT CE QU'ELLE VEUT DE SON CORPS...
... MAIS DANS LES FAITS, MON CORPS ÉTAIT À LA MERCI DE PERVERS ET D'ENTREPRISES CUPIDES.
DÉCHATONS
Naomie_off
-25% sur les gourdes avec le code #pridemonth !
Commentaires
Dylan_69 Envoi dé nude stp sale p*te
Gachagirl2008 Jms je seré aussi belle kel :'(:'(des conseils pr maigrire?
MAIS QUEL GROS... !
TU AS LE MÉRITE D'AVOIR RÉUSSI À REBONDIR APRÈS TOUT ÇA !
ET D'EN ÊTRE SORTIE PLUS FORTE.
JE SUIS DÉSOLÉE QUE TU AIES EU À VIVRE ÇA.
C'EST DU PASSÉ.
J'ESPÈRE JUSTE QU'UGO NE VA PAS RETOURNER LE CERVEAU DE FÉLIX.
J'AI UN PEU HONTE DE CETTE HISTOIRE, C'EST DUR DE LUI EN PARLER...
ON VA BIEN GARDER UN ŒIL SUR LUI, ALORS !
MERCI, TU ES ADORABLE !
NON LOIN DE LÀ...
COMMENT ÇA, JE SUIS PAS INVITÉ ?!
ILS VONT VOIR...

LES GARS, ÇA VOUS DIT ON FAIT UN « ACTION OU VÉRITÉ » ?
COMME À L'ÉPOQUE DU LYCÉE, HA HA HA !
BRAVO FÉLIX !
MAIS QUELLE BANDE DE GAMINS...
JE VAIS Y ALLER, MOI.
C'EST TI-PAR !
HIPS !
Château Lidheule
OUAIS, LÉON !
ACTION OU VÉRITÉ ?
EUH... J'VAIS DIRE ACTION !
VOUS N'ÊTES PAS PRÊTS POUR MES SECRETS LES PLUS SOMBRES.

HÉ HÉ, J'AI LE GAGE PARFAIT !
SOIT TU BOIS SIX GORGÉES, SOIT, SI ELLE EST D'ACCORD...
... TU SMACKES CLARA !
BON, C'EST LE JEU...
TU FAIS VITE, OK ?
OHMONDIEU OHMONDIEU !
VA FALLOIR QUE J'ASSURE.
ALLEZ, MON VIEUX, SOIS UN HOMME !
SMOOUCH
ÇA VA PAS, LÉON ?
JE SUIS PAS TA MEUF !
OH NON, DÉSOLÉ...
QUAND ON DANSAIT AU CONCERT, J'CROYAIS QUE... T'ÉTAIS INTÉRESSÉE, QUOI.
ON DANSAIT, LÉON !
C'ÉTAIT RIEN DU TOUT, JE PENSAIS QU'ON S'AMUSAIT ENTRE POTES !
DING DONG
L'INCIDENT EST CLOS.
JE VAIS OUVRIR.

PFF, LES MECS...
DÈS QU'ON EST SYMPA AVEC EUX PLUS DE CINQ MINUTES, ILS S'IMAGINENT DES TRUCS...
SA... *HIPS* SALUT, CLARA !
ANISSA M'A DIT QUE... *HIPS* CANDICE ÉTAIT AVEC VOUS.
J'PEUX LUI PARLER ?
WOOOSH !
BOM
BOM
BOM
JE T'AI DIT DE NOUS LÂCHER, ALEX !
D... DÉGAGE ! *HIPS* JE VEUX JUSTE PARLER À CANDICE !
T'SAIS QUOI ? TU M'AS SAOULÉE À TE MÊLER DE NOS VIES, LÀ.
JE T'AVAIS PRÉVENU, J'VAIS DIRE À MON DARON QUE TU VENDS DE LA DROGUE !

OUAIS, ALLÔ ?
IL FAUT QUE TU SACHES, C'EST ALEX LE DEALER DE L'ÉGLISE !
BOOM
BOOM
BOOM
BOOM
ON A DÉJÀ DU MAL À DORMIR AVEC LES DEUX JEUNES DU DESSUS ET LEUR MUSIQUE...
IL FAUT QUE TU NOUS DÉRANGES AU MILIEU DE LA NUIT !
JE CROYAIS QUE TU NE VOULAIS PLUS NOUS VOIR !
ALLEZ, LAISSE-NOUS MAINTENANT.
BOOM
QUI C'ÉTAIT ?
PERSONNE, RENDORS-TOI.
A-LEX !
HEIN ?
C'EST QUOI ENCORE, CE DÉLIRE ?
PLOP !
TU AS BU, C'EST ÇA ?
SPOÏNK
P... POURQUOI TU M'AS BLOQUÉ ? C'EST PAS TRÈS GENTIL...
ON A ROMPU, TU M'AS FAIT TROP DE MAL ! JE NE VEUX PLUS TE VOIR !
MAIS J'AI DIT QUE J'ÉTAIS DÉSOLÉ ! VIENS AVEC MOI, MAINTENANT.
AÏE !
SPLASH

OUPSI !
MON VERRE M'A GLISSÉ DES MAINS !
ALLEZ, VIENS, ON SE CASSE.
CES MEUFS SONT COMPLÈTEMENT HYSTÉRIQUES.
J... JE...
JE VOULAIS PAS...
ON L'A BIEN EU !
J'AI VRAIMENT AGI COMME UN BOURRIN, CE SOIR.
CLARA DOIT ME DÉTESTER...
AU MOINS AUTANT QUE JE ME DÉTESTE, LÀ, TOUT DE SUITE.
JE FERAIS MIEUX D'ALLER ME COUCHER. J'AURAI LES IDÉES PLUS CLAIRES DEMAIN MATIN.

HEIN ?
BAH ALORS, QU'EST-CE QUE TU FAIS TOUTE SEULE DANS LE NOIR ?
J'AVAIS BESOIN DE M'ISOLER, APRÈS LA VISITE SURPRISE D'ALEX...
QUAND ON ÉTAIT ENSEMBLE, IL PASSAIT SA VIE À M'IGNORER ET À ME TROMPER.
ET LÀ IL JOUE LES MECS POSSESSIFS ALORS QUE JE LUI AI RENDU SA LIBERTÉ ?
JE NE SAIS PAS COMMENT INTERPRÉTER SES SIGNAUX CONTRADICTOIRES.
ÇA COMMENCE À ME GAVER SÉVÈRE.
PFF, PARLONS-EN, DE CES SIGNAUX.
J'AI CRU AVOIR UNE OUVERTURE AVEC CLARA, J'AI VOULU TENTER UN TRUC...
... ET J'AI AGI COMME LE PIRE DES SALAUDS !
HARCÈLEMENT EN OPTION.
ROH, ÇA VA, CLARA EN FAIT TOUJOURS DES TONNES.

ET PUIS, TOI QUI VOULAIS SAVOIR SI TU LUI PLAISAIS...
AU MOINS, MAINTENANT, TU ES FIXÉ.
DE TOUTE MANIÈRE, CLARA, ALEX...
ON EST MIEUX SANS EUX, PAS VRAI ?
MA MÈRE VEUT QUE J'AILLE À LA MESSE DEMAIN...
J'Y VAIS !
SMACK !
SMACK !
RENTREZ BIEN, LES GARS !
À PLUS, FÉLIX, ENCORE BRAVO POUR TON CONCERT !
HÉ, MEC, ÇA TE DÉRANGE SI JE SQUATTE TON CANAP', CETTE NUIT ?
J'ME SENS PAS DE PRENDRE LA VOITURE TOUT DE SUITE...
FAIS COMME CHEZ TOI !

PFFF ! QUELLE SOIRÉE MOUVEMENTÉE !
J'AVOUE, J'AI PRESQUE OUBLIÉ LE CONCERT ET LE MANAGER QUI M'A FILÉ SA CARTE...
C'EST PAS POUR ME MÊLER DE CE QUI NE ME REGARDE PAS, MAIS...
T'AS L'AIR GRAVE SUR LES NERFS EN CE MOMENT, ÇA VA ?
ÉDOUARD TE FAIT DES HISTOIRES PARCE QUE TU PASSES LA SOIRÉE ICI, C'EST ÇA ?
PFFF, TU PARLES !
IL CROIT QUE JE DORS CHEZ MA COUSINE.
NON, C'EST SURTOUT À CAUSE DU TAF.
ET D'UN AUTRE TRUC QU'IL FAUT QUE JE TE DISE...
T'EN AS PAS MARRE D'ÊTRE BLOQUÉ DANS LA MÊME VILLE, À FAIRE TOUJOURS LES MÊMES SOIRÉES AVEC LES MÊMES GENS ?
QUI SE FINISSENT TOUJOURS PAREIL ?
JE DÉMÉNAGE EN DÉCEMBRE.
ON VA PARTIR VIVRE EN AUVERGNE AVEC ÉDOUARD.
MAIS MEUF ! T'AS TOUTE TA VIE ICI !
JUSTEMENT, J'AI BESOIN DE CHANGER, J'EN PEUX PLUS DE CETTE BANLIEUE POURRIE.

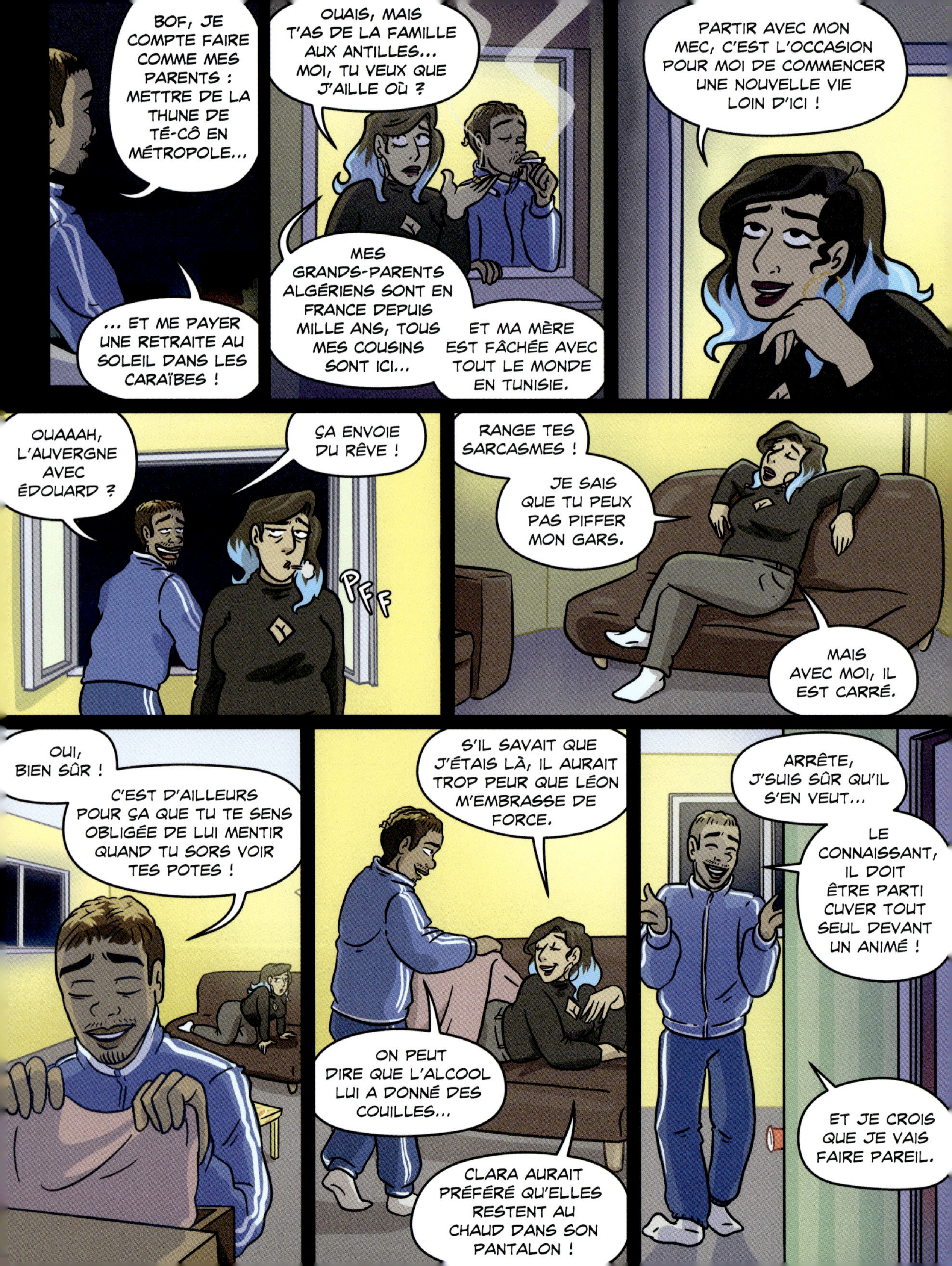
BOF, JE COMPTE FAIRE COMME MES PARENTS : METTRE DE LA THUNE DE TÉ-CÔ EN MÉTROPOLE...
... ET ME PAYER UNE RETRAITE AU SOLEIL DANS LES CARAÏBES !
OUAIS, MAIS T'AS DE LA FAMILLE AUX ANTILLES... MOI, TU VEUX QUE J'AILLE OÙ ?
MES GRANDS-PARENTS ALGÉRIENS SONT EN FRANCE DEPUIS MILLE ANS, TOUS MES COUSINS SONT ICI...
ET MA MÈRE EST FÂCHÉE AVEC TOUT LE MONDE EN TUNISIE.
PARTIR AVEC MON MEC, C'EST L'OCCASION POUR MOI DE COMMENCER UNE NOUVELLE VIE LOIN D'ICI !
OUAAAH, L'AUVERGNE AVEC ÉDOUARD ?
ÇA ENVOIE DU RÊVE !
PFF
RANGE TES SARCASMES !
JE SAIS QUE TU PEUX PAS PIFFER MON GARS.
MAIS AVEC MOI, IL EST CARRÉ.
OUI, BIEN SÛR !
C'EST D'AILLEURS POUR ÇA QUE TU TE SENS OBLIGÉE DE LUI MENTIR QUAND TU SORS VOIR TES POTES !
S'IL SAVAIT QUE J'ÉTAIS LÀ, IL AURAIT TROP PEUR QUE LÉON M'EMBRASSE DE FORCE.
ON PEUT DIRE QUE L'ALCOOL LUI A DONNÉ DES COUILLES...
CLARA AURAIT PRÉFÉRÉ QU'ELLES RESTENT AU CHAUD DANS SON PANTALON !
ARRÊTE, J'SUIS SÛR QU'IL S'EN VEUT...
LE CONNAISSANT, IL DOIT ÊTRE PARTI CUVER TOUT SEUL DEVANT UN ANIMÉ !
ET JE CROIS QUE JE VAIS FAIRE PAREIL.

...
ATTENDS, ON EST MAXI BOURRÉS, TU ES SÛRE QUE C'EST UNE BONNE IDÉE ?
T'INQUIÈTE...
ON AURA TOUTE NOTRE VIE POUR REGRETTER, PAS VRAI ?
ALORS, PROFITE !
CLIC!

8

Réveils difficiles

LA VIE D'MA MÈRE, PLUS JAMAIS JE TOUCHE À L'ALCOOL.
LA MÊME ! J'AI UNE DE CES MIGRAINES, LÀ...
J'SUIS À DEUX DOIGTS D'AVOIR DES HALLUCINATIONS.
LA LA LA LA
BON BAH CIAO, ON S'APPELLE !
À LA PROCHAINE !
...
BAH QUOI ?
EUH, À TON AVIS ? Y A CANDICE QUI VIENT DE SORTIR DE TA CHAMBRE, LÀ...
VOUS N'AVEZ QUAND MÊME PAS...

CHAMPIOOON !
C'ÉTAIT ENCORE PLUS INESPÉRÉ QUE MOI QUI PERCE DANS LE RAP.
FAUT QUE TU ME RACONTES TOUS LES DÉTAILS !
ALEX M'A DIT QUE C'ÉTAIT UNE CHAUDASSE.
EST-CE QU'ELLE T'A PUIS ?
ET VOUS AVEZ SALEMENT EN ?
MAIS N'IMPORTE QUOI, CELUI-LÀ !
QUEL GROS MACHO !
VIENS AVEC MOI, LÉON !
FAUT QU'ON PARLE.
ET DE PRÉFÉRENCE LOIN DE FÉLIX ET DE SA MASCULINITÉ TOXIQUE !
BON, RÉCAPITULONS.
HIER, T'AS ROULÉ UNE PELLE À CLARA, ALORS QUE TU DEVAIS JUSTE LA SMACKER…
ET DANS LA FOULÉE, T'AS KEN AVEC LA MEUF LA PLUS BOURRÉE DE LA SOIRÉE.
T'AS QUELQUE CHOSE À DIRE POUR TA DÉFENSE ?
JE SAIS QUE T'AS SOUFFERT À CAUSE DE TON EX ET TOUT…
MAIS C'EST PAS UNE RAISON POUR JOUER LES CHAROS, RESSAISIS-TOI, T'ES UN MEC BIEN !
PMU CHELOU DE LA GARE

J'AVAIS BEAUCOUP BU, J'AI VOULU FAIRE LE MEC...
JE NE ME SUIS PAS RENDU COMPTE QUE J'ALLAIS TROP LOIN.
ALORS QUE MOI, JE TIENS SU-PER BIEN !
GENRE !
TABAC
EMBRASSER UNE MEUF DE FORCE, C'EST UNE AGRESSION.
L'ALCOOL N'EST PAS UNE EXCUSE, C'EST UN FAIT AGGRAVANT.
TU NE SAIS PAS TE TENIR, TU NE BOIS PAS, C'EST TOUT.
JE FAIS JAMAIS DE CONNERIES !
LES FILLES DOIVENT SE SENTIR SUPER MAL, À L'HEURE QU'IL EST.
BLOQUER?
SURTOUT CANDICE, APRÈS CE QU'ELLE A SUBI AVEC L'AUTRE CASSOS.
ELLE EST PAUMÉE, ELLE FAIT N'IMPORTE QUOI, LA PAUVRE.
ELLE A PLUS BESOIN DE SOUTIEN QUE D'UN PLAN CUL EN CE MOMENT.
ON EST UN GROUPE DE POTES...
IL NE DEVRAIT PAS Y AVOIR CE GENRE DE BAILS MALSAINS ENTRE NOUS.
C'ÉTAIT SÛR. JAMAIS UNE NANA SOBRE ET SAINE D'ESPRIT N'AURAIT ACCEPTÉ DE COUCHER AVEC MOI.
JE TE LAISSE, MON MEC EST EN TRAIN DE PÉTER UN CÂBLE.
TU PENSERAS BIEN À ENVOYER UN MESSAGE AUX FILLES AVANT QUE ÇA PARTE EN CACAHOUÈTE !
VRR
VRR
TAB
PMU CHELOU DE LA GARE
CANDICE DOIT FORCÉMENT REGRETTER.
J'AI DÛ PASSER POUR UN NOOB APRÈS ALEX ET SES ABDOS EN ACIER...
JE SUIS VRAIMENT UN VIEUX GARS.

SALUT, M'MAN !
BONJOUR, MA PUCE ! C'ÉTAIT BIEN HIER SOIR ?
TU SAIS, LES SOIRÉES CHEZ FÉLIX ...
IL Y A TOUJOURS LES MÊMES GENS, ET ELLES SE FINISSENT TOUJOURS PAREIL.
C'EST BIEN QUE TU AIES PU DORMIR CHEZ TON PETIT AMI PLUTÔT QUE DE RENTRER AU MILIEU DE LA NUIT.
ALEX, C'EST ÇA ? QUAND EST-CE QUE TU ME LE PRÉSENTES ?
EUH... IL N'EST PAS TRÈS BRANCHÉ FAMILLE !
J'Y VAIS, J'AI UNE DOUCHE À PRENDRE ET DES PARTIELS À RÉVISER.
C'EST ÇA, TU FUIS QUAND LA DISCUSSION DEVIENT ENFIN INTÉRESSANTE !
BON, C'EST PAS COOL DE MENTIR...
MAIS MAMAN N'A PAS BESOIN DE SAVOIR QUE J'AI ROMPU AVEC ALEX, ELLE A ASSEZ DE PROBLÈMES COMME ÇA.
EN TOUT CAS...
... JE CROISE LES DOIGTS POUR QUE LÉON ME RAPPELLE.
IL EST UN PEU MALADROIT, MAIS C'EST UN POTE GENTIL.
ET PUIS IL FAIT DE BONNES ÉTUDES, IL S'INTÉRESSE À PLEIN DE CHOSES...
ÇA NE ME FERAIT PAS DE MAL UN PEU DE STABILITÉ, UNE RELATION NORMALE, AVEC UN MEC NORMAL.
JE NE PENSAIS PAS QUE J'ÉTAIS SON STYLE.
VRRR
1 Message
LÉON
VRRR
RR
OH...

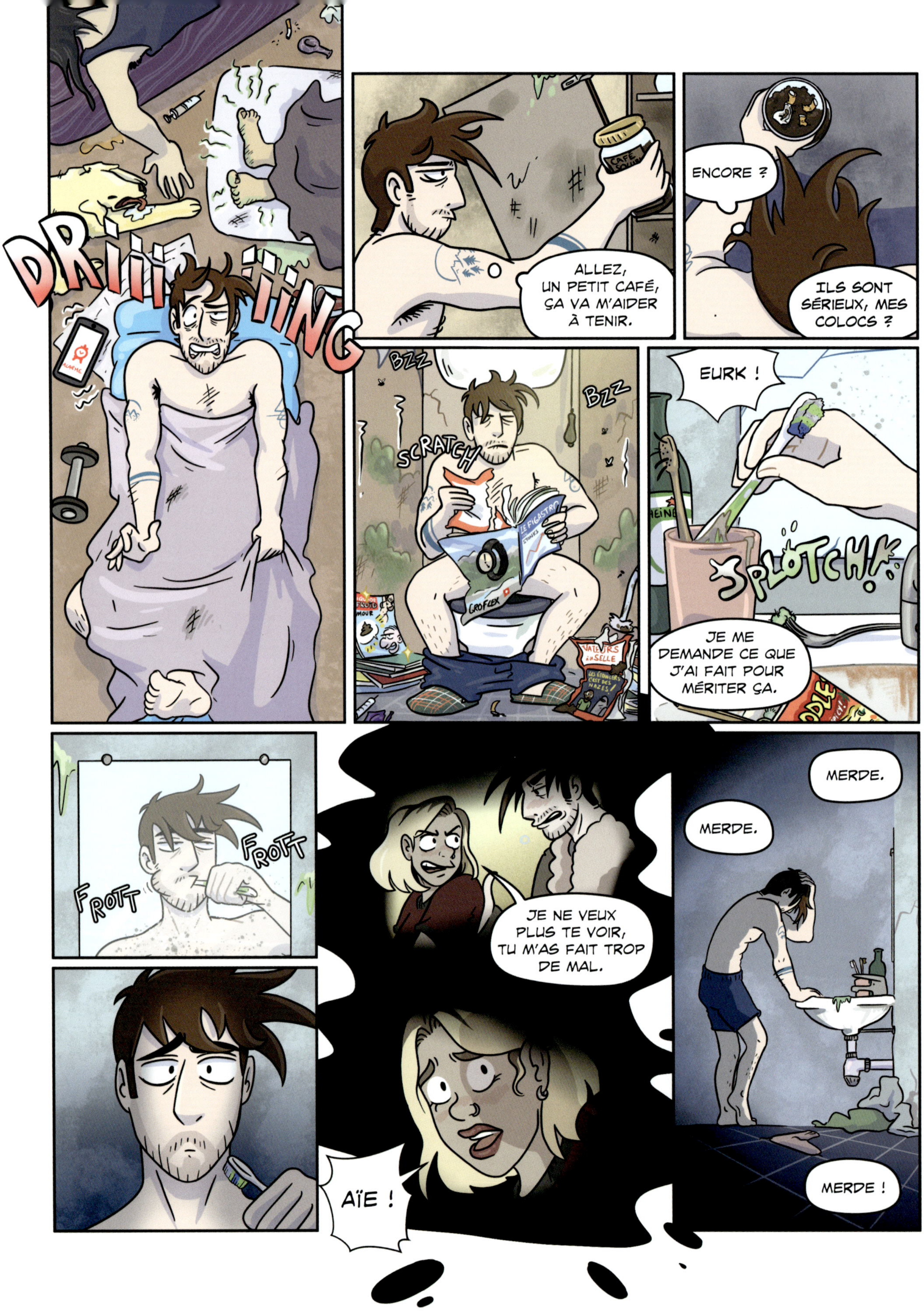
DRIIIIIIIIING
ALLEZ, UN PETIT CAFÉ, ÇA VA M'AIDER À TENIR.
ENCORE ?
ILS SONT SÉRIEUX, MES COLOCS ?
BZZ
BZZ
SCRATCH
EURK !
SPLOTCH !
JE ME DEMANDE CE QUE J'AI FAIT POUR MÉRITER ÇA.
FROTT
FROTT
JE NE VEUX PLUS TE VOIR, TU M'AS FAIT TROP DE MAL.
AÏE !
MERDE.
MERDE.
MERDE !

UN, DEUX !
UN, DEUX !
LÂCHE-MOI, ALEX.
THIS IS A HARD DAY'S NIGHT...
TU ME FAIS MAL !
CHTOÏNG !!!
BON, OK.
LES AUTRES AVAIENT P'T-ÊTRE RAISON.
JE SUIS UN PETIT PEU UN ENFOIRÉ.
JE SUIS ALLÉ TROP LOIN...
MAIS TOUT VA CHANGER !
À PARTIR D'AUJOURD'HUI, PLUS DE FUMETTE.
PLUS DE BUSINESS DOUTEUX...
... ET PLUS DE MAUVAISES FRÉQUENTATIONS.
BLOQUER
JE SERAI LE GENDRE IDÉAL, L'AMI DES MAMIES...
DITES BONJOUR À ALEX LE GENTIL !

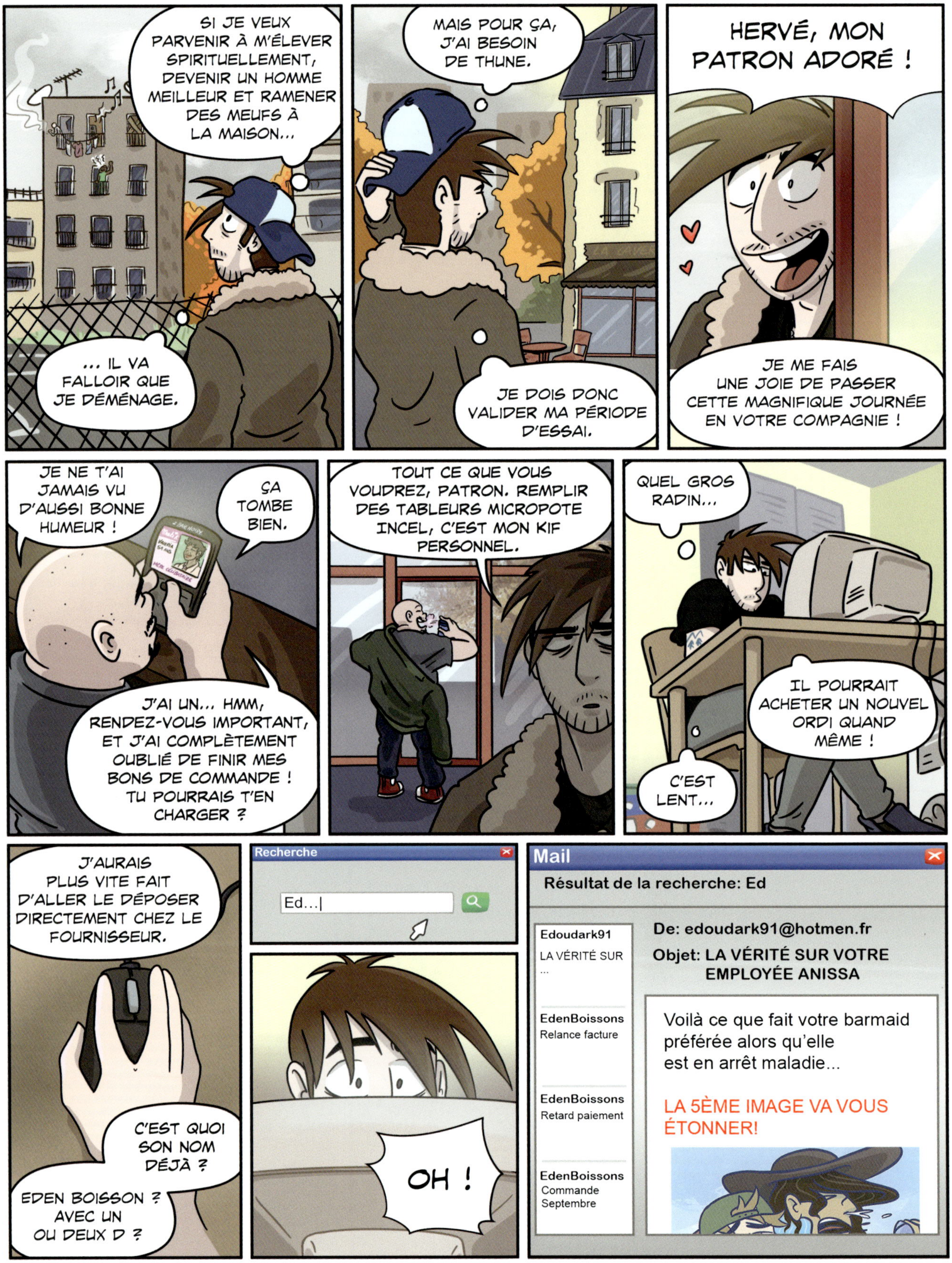
SI JE VEUX PARVENIR À M'ÉLEVER SPIRITUELLEMENT, DEVENIR UN HOMME MEILLEUR ET RAMENER DES MEUFS À LA MAISON...
... IL VA FALLOIR QUE JE DÉMÉNAGE.
MAIS POUR ÇA, J'AI BESOIN DE THUNE.
JE DOIS DONC VALIDER MA PÉRIODE D'ESSAI.
HERVÉ, MON PATRON ADORÉ !
JE ME FAIS UNE JOIE DE PASSER CETTE MAGNIFIQUE JOURNÉE EN VOTRE COMPAGNIE !
JE NE T'AI JAMAIS VU D'AUSSI BONNE HUMEUR !
ÇA TOMBE BIEN.
J'AI UN... HMM, RENDEZ-VOUS IMPORTANT, ET J'AI COMPLÈTEMENT OUBLIÉ DE FINIR MES BONS DE COMMANDE ! TU POURRAIS T'EN CHARGER ?
TOUT CE QUE VOUS VOUDREZ, PATRON. REMPLIR DES TABLEURS MICROPOTE INCEL, C'EST MON KIF PERSONNEL.
QUEL GROS RADIN...
IL POURRAIT ACHETER UN NOUVEL ORDI QUAND MÊME !
C'EST LENT...
J'AURAIS PLUS VITE FAIT D'ALLER LE DÉPOSER DIRECTEMENT CHEZ LE FOURNISSEUR.
C'EST QUOI SON NOM DÉJÀ ?
EDEN BOISSON ? AVEC UN OU DEUX D ?
Recherche
Ed...|
OH !
Mail
Résultat de la recherche: Ed
Edoudark91
LA VÉRITÉ SUR ...
EdenBoissons
Relance facture
EdenBoissons
Retard paiement
EdenBoissons
Commande Septembre
De: edoudark91@hotmen.fr
Objet: LA VÉRITÉ SUR VOTRE EMPLOYÉE ANISSA
Voilà ce que fait votre barmaid préférée alors qu'elle est en arrêt maladie...
LA 5ÈME IMAGE VA VOUS ÉTONNER!

IL N'A PAS SIGNÉ DE SON VRAI NOM !
E... D... O... U... JE ME DEMANDE QUI ÇA PEUT BIEN ÊTRE.
JE VAIS L'ENVOYER À ANISSA !
SI ELLE DÉCOUVRE QUE J'AI PAS POUCAVE...
... ELLE ARRÊTERA PEUT-ÊTRE DE ME PERSÉCUTER.
Tremble, mortel.
Et agenouille-toi devant ma puissance démoniaque !
AVEC CETTE HARPIE DANS LA POCHE, PLUS PERSONNE NE SE METTRA ENTRE CANDICE ET MOI !
HEIN ? UN MESSAGE D'ALEX ?
DEPUIS QUAND IL ME PARLE, CELUI-LÀ ?
ATTENDS...
« EDOUDARK91 » ! AU LYCÉE, C'ÉTAIT LE MAIL DE...
JE TROUVE QU'ON SE DÉBROUILLE BIEN AVEC LES PLANTES !
ON DEVRAIT S'INSCRIRE À UN CLUB DE JARDINAGE EN AUVERGNE, TU NE CROIS PAS ?

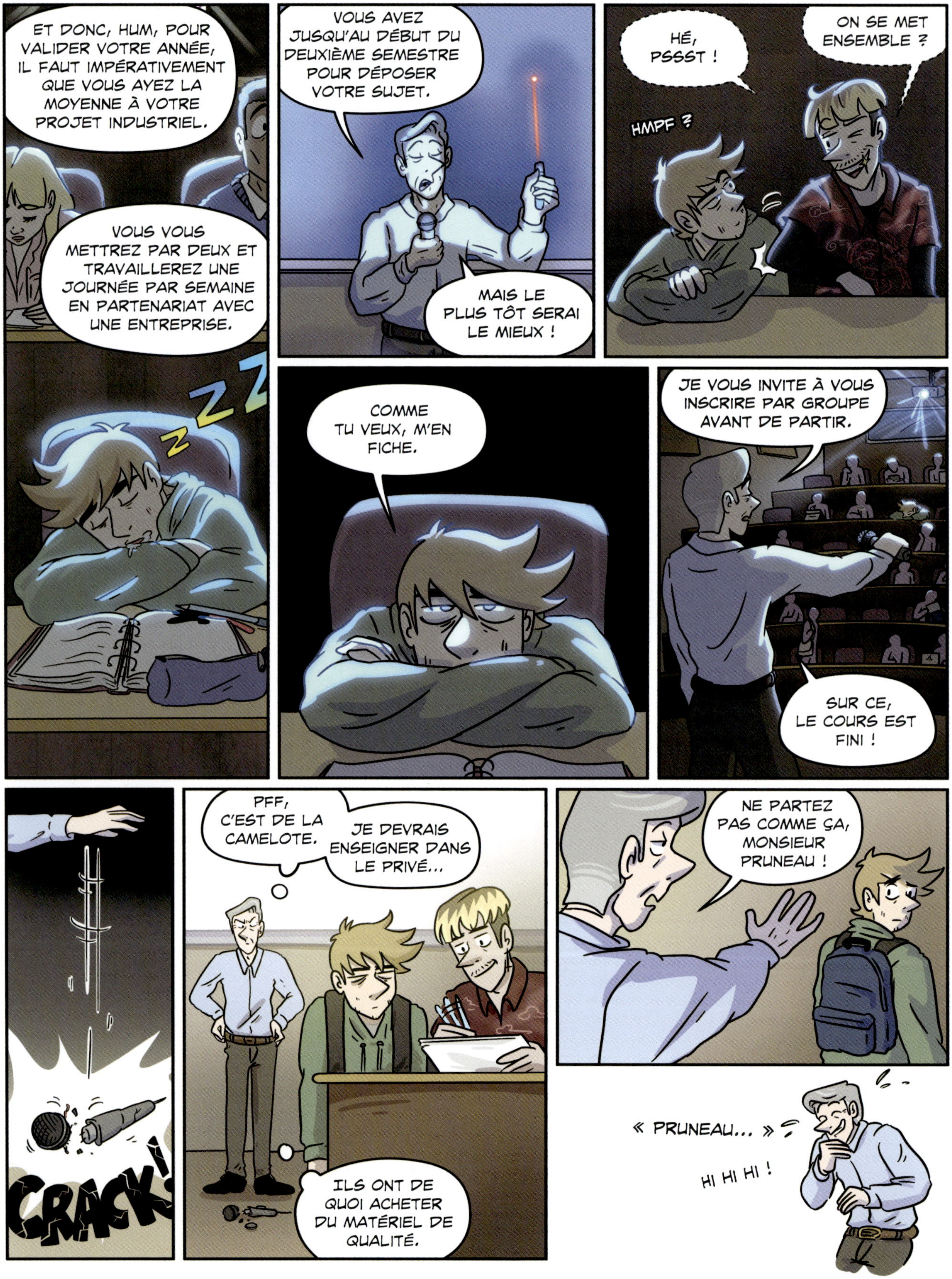
ET DONC, HUM, POUR VALIDER VOTRE ANNÉE, IL FAUT IMPÉRATIVEMENT QUE VOUS AYEZ LA MOYENNE À VOTRE PROJET INDUSTRIEL.
VOUS VOUS METTREZ PAR DEUX ET TRAVAILLEREZ UNE JOURNÉE PAR SEMAINE EN PARTENARIAT AVEC UNE ENTREPRISE.
VOUS AVEZ JUSQU'AU DÉBUT DU DEUXIÈME SEMESTRE POUR DÉPOSER VOTRE SUJET.
MAIS LE PLUS TÔT SERAI LE MIEUX !
HÉ, PSSST !
ON SE MET ENSEMBLE ?
HMPF ?
Z Z Z
COMME TU VEUX, M'EN FICHE.
JE VOUS INVITE À VOUS INSCRIRE PAR GROUPE AVANT DE PARTIR.
SUR CE, LE COURS EST FINI !
CRACK !
PFF, C'EST DE LA CAMELOTE.
JE DEVRAIS ENSEIGNER DANS LE PRIVÉ...
ILS ONT DE QUOI ACHETER DU MATÉRIEL DE QUALITÉ.
NE PARTEZ PAS COMME ÇA, MONSIEUR PRUNEAU !
« PRUNEAU... » ?
HI HI HI !

VOUS NE M'AVEZ PAS ENVOYÉ VOTRE COMPTE RENDU DE TD !
JE N'ATTENDS PLUS QUE VOUS POUR RENTRER MES NOTES.
EUH BAH EUH...
Y A EU LES GRÈVES DE TRAIN...
MES SÉANCES DE KINÉ...
J'AI DÛ TROUVER DU TRAVAIL...
SANS COMPTER MON COLOC' QUI FAIT TOUT LE TEMPS DES SOIRÉES !
PEU M'IMPORTE LA VIE NOCTURNE DE VOTRE CONCUBIN...
JE VEUX VOIR CE DEVOIR DEMAIN AU PLUS TARD, COMPRIS ?
NE VOUS REPOSEZ PAS SUR VOS LAURIERS, PRUNEAU !
PFFF...
EN VOILÀ UN TRAVAIL ÉPANOUISSANT...
CheaPIZZA 5€
SALUT, MOI C'EST LÉON ! JE VIENS POUR FAIRE UN ESSAI !
PAS LA PEINE DE ME RACONTER TA VIE, TU VAS TE CHANGER.
YANIS VA T'EXPLIQUER LA CAISSE.
CE BOUTON, C'EST POUR LA MONNAIE...
ICI, T'AS LES TITRES-RESTAURANT...
ET LÀ, LES PAIEMENTS PAR CARTE.
BASILIC
DING DONG
JE TE LAISSE PRENDRE LES CLIENTES QUI ARRIVENT !

POUR LA SOIRÉE DU BDE, JE PENSAIS ENGAGER LES FANFARES DES BEAUX-ARTS.
AMBIANCE GARANTIE !
OH!
LES FANFARES, MEUF ?
T'AS RIEN TROUVÉ DE PLUS RINGARD?
CANDICE !
LÉON !
TU AS PASSÉ UNE BONNE JOURNÉE ?
PAS VRAIMENT, MAIS MAINTENANT QUE TU ES LÀ, TOUT ÇA N'A PLUS D'IMPORTANCE !
AUTEURE AU CHÔMAGE
The End

EH OH, RÉVEILLE-TOI, DUGLAND ! ON T'A DIT DEUX QUATRE-FROMAGES !
T'INQUIÈTE, LA MISS ! SOIS PAS TROP DURE AVEC LUI...
... C'EST SON PREMIER JOUR !
IL EST MIGNON, LE SERVEUR, TU NE TROUVES PAS ?
LE GRAND, HEIN... PAS TON POTE CHELOU.
WHATSOUP ?
Léon
Hey, désolé pour hier soir, j'avais un peu trop bu... Mais j'espère qu'on pourra rester amis :)
Reçu Dim. 11:44
Ah... Ok.
Vu
OH, TU SAIS, LUI...
C'EST PAS VRAIMENT MON POTE.

À DEMAIN, LE NOUVEAU !
METRO
C'EST HORRIBLE, FÉLIX !
J'AI BESOIN DE TES CONSEILS !
EUH... POURQUOI EST-CE QU'IL EST TOUT CHIFFONNÉ ?
IL EST COMME ÇA DEPUIS QU'IL A PÉCHO...
MOI QUI CROYAIS QUE ÇA ALLAIT LE DÉTENDRE !
ON S'EN OCCUPERA PLUS TARD. T'AS DES CHOSES IMPORTANTES À ME RACONTER...
ALLEZ, ENTRE.
... C'EST UN PEU DUR POUR MOI DE L'ADMETTRE...
... MAIS JE CROIS QUE TU AVAIS RAISON À PROPOS D'ÉDOUARD.
...
... ET QUAND J'AI REÇU CE SMS, J'AI COMPRIS QUE C'ÉTAIT ÉDOUARD, MON PROPRE PETIT AMI...
... QUI ÉTAIT DERRIÈRE TOUT ÇA.
MAIS ATTENDS... ALEX EST LE MEC LE MOINS FIABLE DE LA TERRE...
COMMENT PEUX-TU ÊTRE SÛRE QUE C'EST PAS UNE DE SES EMBROUILLES POUR FAIRE PORTER LE CHAPEAU À QUELQU'UN D'AUTRE ?

C'EST CE QUE JE PENSAIS AU DÉBUT...
MAIS COMMENT CONNAÎTRAIT-IL L'ADRESSE MAIL QU'UTILISAIT ÉD' QUAND ON ÉTAIT ADOS ?
ON NE TRAÎNAIT PAS DU TOUT ENSEMBLE, AU LYCÉE.
J'AVOUE.
AVEC SON QI DE PATATE DOUCE...
... JE L'IMAGINE MAL PASSER DES HEURES SUR TOTOSHOP À CRÉER DE FAUSSES CAPTURES D'ÉCRAN.
BON, ALORS, SI C'EST VRAIMENT ÉDOUARD...
... J'ESPÈRE QUE TU LUI AS BIEN ÉCLATÉ LA TRONCHE, À CE GROS BOUFFON !
NON, C'EST POUR ÇA QUE J'AVAIS BESOIN DE TES CONSEILS.
EN TEMPS NORMAL, JE LUI AURAIS FAIT UNE SCÈNE.
MAIS SI ON SE SÉPARE, JE N'AI NULLE PAR OÙ ALLER.
JE SUIS AU CHÔMAGE, J'AI RENDU LES CLEFS DE MON STUDIO QUAND ON S'EST INSTALLÉS...
... ET JAMAIS MES PARENTS NE VOUDRONT M'ACCUEILLIR APRÈS LA SCÈNE QUE J'AI FAITE EN QUITTANT LA MAISON.
LE MIEUX SERAIT DE FAIRE COMME SI DE RIEN N'ÉTAIT, ET DE NE PAS ANNULER LE DÉMÉNAGEMENT.
APRÈS TOUT, JE N'AI PLUS QUE LUI...
IL N'A TOUJOURS VOULU QUE MON BONHEUR.
HEY, MAIS... T'AS OUBLIÉ LES COPAINS !
MOI AUSSI, JE VEUX QUE TU TE SENTES BIEN.
ET LÉON...
CANDICE...
CLARA...
MÊME ALEX, APPAREMMENT.
? ? ?

VU LES SALES COUPS QU'IL M'A FAITS QUAND ON BOSSAIT ENSEMBLE...
... JE SUIS PRÊT À T'HÉBERGER SI TU LE QUITTES !
JE CROYAIS QUE VOUS VOUS ÉTIEZ EMBROUILLÉS À CAUSE DE LA COLOC' !
OH, ÇA... SI ON COMPARE NOTRE AMITIÉ AU TITANIC...
CE N'EST QUE LA PARTIE VISIBLE DE L'ICEBERG.
TOUT A COMMENCÉ QUAND ON ÉTAIT EN ALTERNANCE À PARIS. ON AVAIT DES TAS DE PROJETS, ON VOULAIT GAGNER DE L'EXPÉRIENCE POUR OUVRIR NOTRE PROPRE AGENCE IMMOBILIÈRE.
SEUL PROBLÈME : NOTRE MENTOR, JEAN-MI LA DÉCONNE, ÉTAIT LE PIRE DES BEAUFS.
TU CONNAIS CELLE DU ROUX ET DU NOIR QUI ENTRENT DANS UN BAR ?
MOI NON PLUS, J'ATTENDS DE VOUS VOIR À L'AFTERWORK !
YO, FRANCKY VINCENT !
« C'EST BON POUR LE MORAL », HA HA HA !
TU VOIS CE GENRE DE MECS QUI SE PRENNENT POUR LES ROIS DE L'HUMOUR NOIR ALORS QU'ILS RÉPÈTENT JUSTE DE VIEUX CLICHÉS EN BOUCLE ?
MERCI D'AVOIR CHOISI NOTRE AGENCE, MADAME.
LE PLAISIR EST PARTAGÉ !
EH BEH, ELLE A L'AIR D'AIMER LE BOUDIN CRÉOLE, LA GONZESSE !
TU L'AS ZOUKÉE COLLÉ-SERRÉ DERRIÈRE LA MACHINE À CAFÉ ?
WESH MAIS TU ME FAIS CHIER AVEC TES VANNES DES ANNÉES 80, LÀ !
ON A COMPRIS QUE J'ÉTAIS ANTILLAIS, T'AS UN PROBLÈME AVEC ÇA ?
NON !
NON !
RESSOURCES HUMAINES
JE ME CASSE LE CUL À VOUS FAIRE OUBLIER QUE JE VIENS DU FIN FOND DE LA BANLIEUE...
... ET TOI, TU PASSES TA VIE À ME RAPPELER QUE JE SUIS DIFFÉRENT !
ON VERRA SI C'EST TOUJOURS DE L'HUMOUR QUAND J'AURAI PORTÉ PLAINTE POUR DISCRIMINATION.

BON, ÉVIDEMMENT, LA BOÎTE A PRÉFÉRÉ RÉGLER ÇA EN INTERNE.
ET ILS ONT DEMANDÉ À UN TÉMOIN NEUTRE DE RACONTER LA SCÈNE.
EN TANT QUE MEILLEUR AMI DE FÉLIX...
JE SUIS LE MIEUX PLACÉ POUR SAVOIR QU'IL A PARFOIS DES ACCÈS DE COLÈRE.
NOTAMMENT ENVERS CE PAUVRE JEAN-MI, QUI AVAIT JUSTE FAIT UNE BLAGUE INNOCENTE...
CE TRAÎTRE D'ÉDOUARD M'A COMPLÈTEMENT DÉCRÉDIBILISÉ POUR SE FAIRE MOUSSER.
ET EN FAIT, C'ÉTAIT LA BLONDE QUI AVAIT LES PLUS GROS SEINS !
HA HA HA, TU DEVRAIS FAIRE UN ONE-MAN-SHOW, JEAN-MI !
J'ARRIVE PAS À Y CROIRE...
IL A L'AIR SI GENTIL ET MATURE...
ET APRÈS, IL S'EST PASSÉ QUOI ?
LA SUITE, TU LA CONNAIS.
ED'
FÉLIX
L'AMBIANCE ÉTAIT DEVENUE TROP MAUVAISE AU TAF...
J'AI ARRÊTÉ D'Y ALLER.
LETTRE DE LICENCIEMENT
ÉDOUARD ÉTAIT VÉNÈRE DE OUF.
EN RÉALITÉ, IL AVAIT SURTOUT AGI DANS SON INTÉRÊT, ALORS J'AI DÉCIDÉ DE FAIRE PAREIL.
C'EST POUR NOUS DEUX QUE J'AI FAIT ÇA, POUR NOTRE RÉSEAU, NOS PROJETS.
T'AS TOUT GÂCHÉ !
LA GUERRE DES COLOCS ÉTAIT DÉCLARÉE.
L'ENFOIRÉ ! IL A MANGÉ MES ACTIBIOS !

JE ME CASSE !
BON COURAGE POUR TROUVER UN COLOC' QUI TE SUPPORTE.
IL M'A MENACÉ DE NE PAS PAYER SON DERNIER MOIS DE LOYER SI JE T'EN PARLAIS.
COMME C'ÉTAIT LA DÈCHE, J'AI FERMÉ MA BOUCHE. ET PUIS VOUS AVIEZ L'AIR HEUREUX, ENSEMBLE...
JE LE PENSAIS AUSSI...
J'ARRIVE PAS À CROIRE QUE JE SOIS RESTÉE AVEC QUELQU'UN COMME LUI.
JE CROYAIS QUE MON COUPLE ÉTAIT UN EXEMPLE !
JE ME SUIS PERMIS DE GÉRER LA VIE SENTIMENTALE DE MES POTES...
... ET J'AI LAISSÉ TOMBER MA FAMILLE.
JE SUIS UNE GROSSE CONNE, PUTAIN.
MOI AUSSI, J'AI CULPABILISÉ PENDANT DES MOIS...
J'AURAIS DÛ RETOURNER AU TRAVAIL...
J'AURAIS PAS DÛ MANGER LES ACTIBIOS...
MAIS ÇA NE M'A MENÉ À RIEN, ALORS ARRÊTE DE TE PRENDRE LA TÊTE.
C'EST ÉDOUARD LE GROS CON DANS L'HISTOIRE, PAS TOI.
ET IL MÉRITE DE S'EN PRENDRE PLEIN LA GUEULE.
T'AS RAISON ! ET ON VA SE VENGER À SA MANIÈRE...
UN COUP BAS...
SOURNOIS...
AUQUEL IL NE S'ATTEND PAS !
ET SI ON POUVAIT RÉCUPÉRER MA CAFETIÈRE AU PASSAGE...
LA VENGEANCE EST UN PLAT QUI SE MANGE FROID, MAIS JE ME FERAIS BIEN UN PETIT GREC DES FAMILLES.
LA « ANISSA » QUE JE CONNAIS EST DE RETOUR.
POUR LA PEINE, C'EST MOI QUI COMMANDE !
ON VA AVOIR BESOIN DE FORCES.

LE JOUR DU DÉMÉNAGEMENT.
T'ES VRAIMENT LE MEILLEUR !
OUAH, CHÉRI, TU T'ES SURPASSÉ NIVEAU ORGANISATION !
J'ARRIVE PAS À CROIRE QU'ON VA VRAIMENT DÉMÉNAGER !
JE PRENDS LA DESPRESSO DANS LA VOITURE !
JE SAIS À QUEL POINT TU Y TIENS.
CE SERAIT BÊTE QU'ELLE S'ABÎME DANS LA CAMIONNETTE...
CHOISIS CE QU'IL Y A DE MIEUX POUR ELLE, MA PUCE.
JE TE FAIS CONFIANCE.
FÉLIX...
ÉDOUARD...
M... MER...
MERCI DE NOUS AVOIR AIDÉS À CHARGER LES MEUBLES.
FOUILLE
FOUILLE
DE RIEN.
C'EST NORMAL APRÈS TOUS LES YAOURTS QUE JE T'AI CHOURRAV'.
D'AILLEURS, JE TE RENDS TES MANETTES.

ADIEU.
OH...
QUELQUES ANNÉES PLUS TÔT...
BOU HOU HOU
C'EST ANISSA, LA TERREUR DES TERMINALES G !
JE NE L'AI JAMAIS VUE DANS CET ÉTAT.
IL PARAÎT QUE C'EST UNE GRANDE GUEULE QU'AUCUN MEC N'A RÉUSSI À APPROCHER...
C'EST L'OCCASION OU JAMAIS !
HEY, ANISSA, C'EST ÇA ?
ON EST ENSEMBLE EN ESPAGNOL.
OUI, JE ME SOUVIENS DE TOI, ÉDOUARD !
QU'EST-CE QUE TU FAIS LÀ ?

LES PARENTS DE FÉLIX CHERCHENT À LOUER LEUR CHAMBRE, JE SUIS VENU VISITER.
ET TOI ? POURQUOI TU PLEURES TOUTE SEULE ?
JE ME SUIS EMBROUILLÉE AVEC MON PÈRE CAR IL A RETROUVÉ UN BRIQUET DANS MON SAC...
IL DIT QUE SI JE CONTINUE COMME ÇA, UN JOUR, UN DE SES COLLÈGUES M'ARRÊTERA AU BOIS DE BOULOGNE.
MAIS SURTOUT ...
... IL REFUSE DE M'ACCOMPAGNER AU BAL DE PROMO !
ALORS QUE J'AI MIS DEUX HEURES À ME PRÉPARER !
PFF, TU NE VAS PAS RATER GRAND-CHOSE.
LE GROUPE PROGRAMMÉ EST À CHIER.
T'AS PEUT-ÊTRE RAISON...
DE TOUTE MANIÈRE, J'AVAIS PAS DE CAVALIER.
TU SAIS QUOI ?
JE CROIS QUE JE VAIS FAIRE UN EFFORT ET Y ALLER, À TA SOIRÉE DE BOLOSSES.
LA FENÊTRE DE TA CHAMBRE...
ELLE DONNE SUR LA RUE ?
BAL DU LYCÉE

HÉ, AVANCE, PÉTASSE !
CE BLAIREAU DE CHAUFFARD DE SES MORTS A RAISON.
IL FAUT QUE J'AILLE DE L'AVANT.
PARIS
ET PARFOIS, POUR AVANCER...
... IL FAUT SAVOIR FAIRE DEMI-TOUR.
C'EST BON, LES GARS, LE PLAN « CARJACKER LE CAFÉ » A FONCTIONNÉ !
YES !
Y A PLUS QU'À ATTENDRE, MAINTENANT...
ALLÔ, ANI ?
T'EN ES OÙ, LÀ ?
NE ME DIS PAS QUE TU AS RÉUSSI À TE PERDRE AVEC LE GPS...
AH NAN MAIS JE VIENS JUSTE PAS, JE TE QUITTE, EN GROS.
ARRÊTE DE DIRE N'IMPORTE QUOI...
TU CROIS QUE TU RETROUVERAS QUELQU'UN QUI S'OCCUPE AUSSI BIEN DE TOI ?
C'EST MOI QUI GÈRE TOUT, TU NE T'EN SORTIRAS PAS TOUTE SEULE !
TU AS RAISON, D'AILLEURS, AVEC FÉLIX, ON A VOULU ALLÉGER TA CHARGE MENTALE.
MERCI D'AVOIR EXIGÉ UN COMPTE COMMUN, ON A FAIT QUELQUES ACHATS AVEC TA CARTE !
ON A ENGAGÉ UN ARCHITECTE D'INTÉRIEUR ET REFAIT LA DÉCO AUTOUR D'UN BON GREC SAUCE ALGÉRIENNE.
J'ESPÈRE QUE ÇA TE PLAÎT !
AU FAIT...
... T'ÉTAIS MIEUX AVEC LES CHEVEUX LONGS.

LE LENDEMAIN.
AAAAAAAH
BZZ
BZZ
C'EST UNE SUPER JOURNÉE POUR COMMENCER MA VIE DE CÉLIBATAIRE STYLÉE !
WESH MAIS C'EST MES COLOCS PRÉFÉRÉS !
REGARDEZ COMMENT JE ME REPRENDS TROP EN MAIN !
BURP
GRATT'
Bullet Journal
JE VAIS DEVENIR LA GO LA PLUS SAINE DU GAME !
RIEN DE TEL QU'UN PODCAST DE DÉVELOPPEMENT PERSONNEL...
... POUR OUBLIER DES ANNÉES D'ABUS PSYCHOLOGIQUES !
SALUT, MA BEAUTÉ ! C'EST TA POTE NAOMIE QUI TE PARLE.
TA POTE NAOMIE
DEVIENS LA MEILLEURE VERSION DE TOI-MÊME !
AUJOURD'HUI, ON VA VOIR ENSEMBLE COMMENT ATTEINDRE SON PLEIN POTENTIEL...
... EN FAISANT LA PAIX AVEC SOI-MÊME !
PARFOIS, QUAND ON EST COINCÉ DANS UNE RELATION TOXIQUE, IL EST POSSIBLE QUE L'ON SE COMPORTE MAL AVEC SES PROCHES.
CES PETITES ERREURS DE PARCOURS PEUVENT TE FAIRE CULPABILISER ET TE POUSSER À RESSASSER LE PASSÉ.
IL EST IMPORTANT DE RAMENER CES SOUVENIRS À TA PLEINE CONSCIENCE, DE T'EXCUSER AUPRÈS DES AUTRES MAIS SURTOUT DE TOI-MÊME.
J'AI DÉCIDÉ D'ÊTRE BIENVEILLANTE ET DE M'EXCUSER !
DU COUP, BAH, DÉSO DE T'AVOIR JUGÉ QUAND T'AS PÉCHO CANDICE.
À QUOI BON, ELLE ME DÉTESTE, ELLES ME DÉTESTENT TOUTES...
EUH... OK.
CANDICE, MA CHÉRIE !
JE SUIS DÉSOLÉE DE T'AVOIR SOÛLÉE AVEC ALEX ALORS QUE MA RELATION ÉTAIT GRAVE PIRE.
PFF, LES MECS, TOUS DES CONNARDS...

RAVIE DE VOIR QU'ILS SONT PASSÉS À AUTRE CHOSE !
MAINTENANT, LA SUITE DE MA SUPER TO-DO LIST.
Bullet Journal
Ma Nouvelle vie
Télécharger une appli de sport
Faire un smoothie self-care healthy
Passer 3h sans fumer
COURAGE ! C'EST LA DERNIÈRE ACTION DE LA LISTE.
JE ME SENTIRAI MIEUX APRÈS.
LA CAVERNE
HEY, ALEX, LE BOSS EST LÀ ?
JE DOIS M'EXCUSER DE LUI AVOIR MENTI...
... POUR AFFRONTER MES MAUVAISES ACTIONS DROIT DANS LES YEUX...
... AVEC INDULGENCE ET BIENVEILLANCE.
POUR RAMENER CES SOUVENIRS À TA PLEINE CONSCIENCE, T'EXCUSER AUPRÈS DES AUTRES MAIS SURTOUT DE TOI-MÊME ?
NAN, IL EST PAS LÀ !
ATTENDS, DEPUIS QUAND T'ÉCOUTES LES PODCASTS DE NAOMIE ?
ÇA FAIT DES ANNÉES QUE J'AGIS COMME UN GLAND AVEC VOUS.
ET MAINTENANT, J'AI PLUS DE POTES, PLUS DE MEUF...
J'AI DÉCIDÉ DE DEVENIR QUELQU'UN DE BIEN, TU VOIS ?
« LA MEILLEURE VERSION DE MOI-MÊME ».
J'AI MÊME ARRÊTÉ LA BICRAVE.
ET JE NE CONSOMME PLUS RIEN NON PLUS !

C'EST VRAI QUE T'ÉTAIS DÉFONCÉ H-24...
T'ES SUIVI PAR UN MÉDECIN, AU MOINS ?
PAS BESOIN, JE FAIS DU SPORT POUR COMPENSER !
ET JE FUME UN TER DE TEMPS EN TEMPS, MAIS ÇA COMPTE PAS...
« ÇA COMPTE PAS », N'IMPORTE QUOI !
J'Y CROIS PAS DEUX SECONDES, À TON HISTOIRE DE SOBRIÉTÉ !
EN ATTENDANT, C'EST LA PREMIÈRE FOIS DEPUIS DES MOIS QU'ELLE ME PARLE SANS HURLER...
SI ÇA CONTINUE, JE SERAI DE NOUVEAU INVITÉ AUX SOIRÉES DE LA BANDE !
IL FAUT QUE JE ME METTE ANISSA DANS LA POCHE...
JE VAIS ALLER FERMER...
ON SE BOIT UN SHOT EN SOUVENIR DU BON VIEUX TEMPS ?
ALLEZ, C'EST DU « SELF-CARE » !
EN PLUS, SANS TOI, J'AURAIS JAMAIS SU QU'ÉDOUARD M'AVAIT FAIT VIRER.
JE SUIS TROP FORT !
T'EMBALLE PAS, T'ES JUSTE PASSÉ DEUXIÈME DANS MA LISTE DES PIRES BÂTARDS.
C'EST DE BONNE GUERRE.

NAN MAIS, T'CHU VOIS... ÉDOUARD, C'EST GENRE...
UN PERVERS NARCISSIQUE ULTRA-SOCIOPATHE ET MANIPULATEUR COMPULSIF BIPOLAIRE !
SON BUT ULTIME, C'ÉTAIT DE DÉTRUIRE MA LIFE...
AH OUAIS, T'ES PARTIE LOIIIIN...
FAUT ARRÊTER DE LIRE PSYCHO-MAG, MEUF !
T'AS CRU QUE LES « PIRES BÂTARDS », COMME TU DIS, ON ÉTAIT DES MÉCHANTS DE DESSINS ANIMÉS ?
ET VOUS DES PETITES PRINCESSES À SAUVER ?
MAIS J'VAIS TE DIRE UN TRUC...
TOUTES LES FOIS OÙ J'AI FAIT DU MAL À CANDICE, C'ÉTAIT PAS GENRE, CONTRE ELLE DIRECTEMENT...
C'ÉTAIT PLUTÔT... POUR MOI, J'CROIS, PAR ÉGOÏSME.
LÀ OÙ PSYCHO-MAG A RAISON, C'EST QUE SI JE SUIS COMME ÇA...
C'EST DE LA FAUTE DE MON PÈRE !
UGH, LES DARONS, C'EST LES PIRES.
ENFIN, SOCIOPATHE OU PAS, J'AI PERDU CINQ ANS DE MA VIE AVEC LUI. C'EST LE SEUL COPAIN QUE J'AI JAMAIS EU. IL M'A DIT QUE JE NE RETROUVERAIS JAMAIS PERSONNE D'AUTRE...
DANS LA TÊTE D'ALEX
ÇA ME FAIT BADER, J'AI PEUR QU'IL AIT RAISON. LES MECS SONT PLUS ATTIRÉS PAR LES GOWS CALMES ET DISCRÈTES...
ARRÊTE, ANI, TON CARACTÈRE DE SORCIÈRE, JE L'AI TOUJOURS TROUVÉ TROP SEXY !
T'ES VRAIMENT ...
... PAS COMME LES AUTRES FILLES !
... JE RÊVE OU T'ESSAIES DE ME SERRER AVEC TA DISQUETTE LA PLUS CLAQUÉE ?

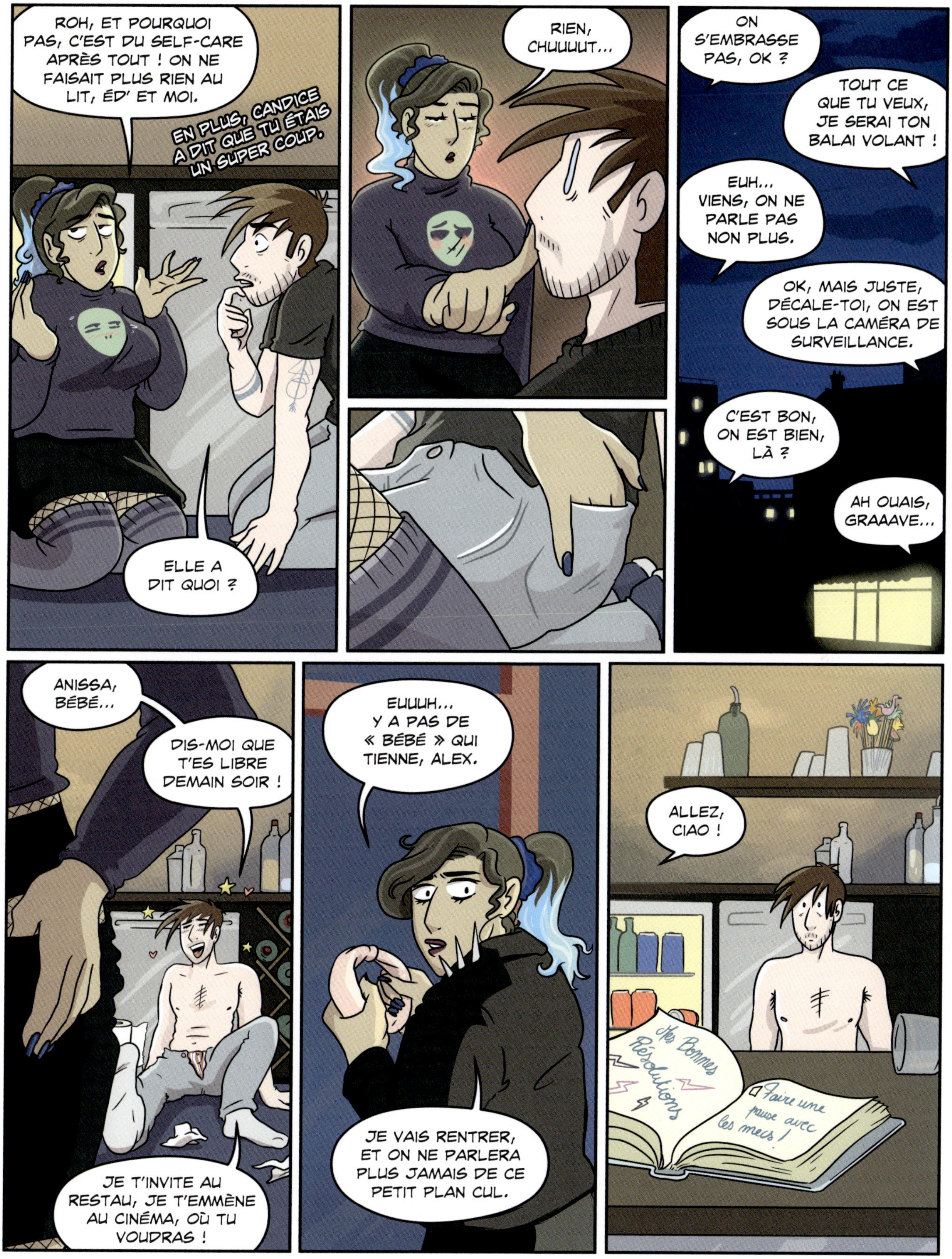
ROH, ET POURQUOI PAS, C'EST DU SELF-CARE APRÈS TOUT ! ON NE FAISAIT PLUS RIEN AU LIT, ÉD' ET MOI.
EN PLUS, CANDICE A DIT QUE TU ÉTAIS UN SUPER COUP.
ELLE A DIT QUOI ?
RIEN, CHUUUUT...
ON S'EMBRASSE PAS, OK ?
TOUT CE QUE TU VEUX, JE SERAI TON BALAI VOLANT !
EUH... VIENS, ON NE PARLE PAS NON PLUS.
OK, MAIS JUSTE, DÉCALE-TOI, ON EST SOUS LA CAMÉRA DE SURVEILLANCE.
C'EST BON, ON EST BIEN, LÀ ?
AH OUAIS, GRAAAVE...
ANISSA, BÉBÉ...
DIS-MOI QUE T'ES LIBRE DEMAIN SOIR !
JE T'INVITE AU RESTAU, JE T'EMMÈNE AU CINÉMA, OÙ TU VOUDRAS !
EUUUH... Y A PAS DE « BÉBÉ » QUI TIENNE, ALEX.
JE VAIS RENTRER, ET ON NE PARLERA PLUS JAMAIS DE CE PETIT PLAN CUL.
ALLEZ, CIAO !
Mes Bonnes Résolutions
Faire une pause avec les mecs !

9 Retour au bercail

FINI LES PÂTES À CHAQUE REPAS !
MAMAN VA ME TRAITER COMME UN PACHA !
Le cœur en liesse, l'esprit en fête…
… notre Léon n'a plus toute sa tête !
PURÉE, J'AI OUBLIÉ MA CARTE NAVIGO !
C'ÉTAIT COURU, JE SUIS LE PLUS GROS DES NIGAUDS.
Pas le temps de rentrer ni d'acheter un billet, Léon se résigne : il va falloir frauder.
TSS, TSS, TSS.
NOUS SOMMES LES LUTINS DU CONTRÔLE DES BILLETS
SI LA LOI TU ENFREINS IL TE FAUDRA PAYER !
C'EST PAS VRAI, MON PORTEFEUILLE A DISPARU !
TOUT EST FINI, TOUT EST FOUTU !
PAS DE TICKET, PAS DE PAPIERS…
NOUS DEVONS APPELER LES LUTINS POLICIERS.
NOUS SOMMES LES LUTINS QUI FONT RÉGNER LA LOI !
FRAYONS-NOUS UN CHEMIN JUSQU'AU COMMISSARIAT

UN MÉTIER D'AVENIR!
IL ME FAUDRAIT UN SACRÉ MIRACLE DE NOËL POUR QUE JE PUISSE AVOIR MON TRAIN...
PAIX ET DÉMOCRATIE
OH
OH
OH
POLICE
EUH... LE PÈRE D'ANISSA ?
MAIS NON, C'EST LE PÈRE NOËL, GROS BÊTA !
TIENS, J'AI TROUVÉ CE PORTE-MONNAIE DANS LES ESCALIERS DE NOTRE BÂTIMENT.
LÉON PRUNEAU 12/10/99 CARTE DE TRANSPORTS
FILE, TANT QU'IL EST ENCORE TEMPS !
C'EST LA DERNIÈRE FOIS QUE JE PERDS UN PARI, DIDIER.
CE COSTUME ANÉANTIT MA CRÉDIBILITÉ.
MERCI, PAPA NOËL !
Pressé, Léon se dirige vers Montparnasse, et tente d'attraper le prochain train qui passe…
RETARD ! INCIDENT VOYAGEUR BONNES FÊTES...
PAR UN HEUREUX HASARD, MON TGV A UNE HEURE DE RETARD ?
MÊME DANS MON MALHEUR, JE SUIS UN SACRÉ VEINARD...
MERCI POUR VOTRE AIDE, LES LUTINS CHEMINOTS !
QU'EST-CE QUI LUI PREND, À CE BLAIREAU ?
Après toutes ces péripéties, Léon parvient enfin à rentrer chez lui. Peut-être va-t-il oublier ses peines d'amour l'espace de quelques jours ?
OH, J'AI INVITÉ LA FAMILLE DE MARIE LE 31.
ÇA NE TE POSE PAS DE PROBLÈME, MON LAPIN ?

LE SOIR DU RÉVEILLON...
LÉON ! VIENS-NOUS AIDER À METTRE LA TABLE !
LES INVITÉS VONT ARRIVER !
TU N'AS PAS L'AIR DANS TON ASSIETTE !
J'AI LA FLEMME DE RENTRER À PARIS DEMAIN SOIR.
C'EST MOCHE, ÇA PUE, Y A TROP DE MONDE...
J'AI TROP DE TRAVAIL À LA FAC...
... ET MES AMIS S'EN FICHENT DE MOI !
PAS D'AMIS ?
MANGE UN KEURLI !
ALORS QUE J'AI ÉTÉ BLOQUÉ DEUX FOIS DE SUITE DANS LA FRIENDZONE.
LA « FRESNES ZONE » ?
DU CÔTÉ DE LA PRISON ?
MAIS NON ! JE CROIS QUE C'EST UNE ATTRACTION, À LA FOIRE DU TRÔNE.
AU SECOURS !
JE SUIS BLOQUÉ !
LA FRIENDZONE
DANGER
QUELLE HORREUR !
MON CHÉRI, TU N'ES PAS OBLIGÉ DE SUIVRE TES AMIS DANS LES MANÈGES À SENSATIONS SI TU TE SENS EN DANGER !
JE N'AI PAS ENVIE DE TE RÉCUPÉRER UNE NOUVELLE FOIS À L'HÔPITAL...
HEIN ?
TOC TOC
LE DOCTEUR VAN DER BEEK ET SA FAMILLE SONT ARRIVÉS...
PAS DE PANIQUE, TOUT VA BIEN SE PASSER !
TU PARLES...
SANDRINE, MA SECRÉTAIRE ADORÉE !
COMMENT ALLEZ-VOUS, TRÈS CHÈRE ?

EH BIEN, DOCTEUR...
TANT QUE VOUS NE ME REMPLACEZ PAS PAR UN LOGICIEL DE PRISE DE RENDEZ-VOUS EN LIGNE...
... TOUT VA POUR LE MIEUX !
VOYONS, SANDRINE...
VOTRE POSTE SERA MENACÉ LE JOUR OÙ UNE INTELLIGENCE ARTIFICIELLE SAURA ME PRÉPARER DES VERRINES AUX CREVETTES AUSSI BONNES QUE LES VÔTRES.
NON, MERCI !
PAS D'ALCOOL ET DES LÉGUMES VERTS ?
VOUS ÉCOUTEZ ENFIN VOTRE CARDIOLOGUE PRÉFÉRÉ, FRED !
NOTRE VISITE À LA MORGUE POUR VOIR LES VICTIMES D'AVC M'A PLUTÔT REFROIDI.
ET PUIS J'EN AVAIS ASSEZ QUE MÊME MON FILS ME PRENNE POUR UN LOSER.
GRÂCE À CE RÉGIME, J'AI PERDU 10 KILOS, JE VAIS POUVOIR ME REMETTRE AU FOOT !
UNE PLACE S'EST LIBÉRÉE DANS L'ÉQUIPE SENIOR DU VILLAGE...
HÂTE DE VOIR VOTRE CORPS DE RÊVE EN PLEINE ACTION.
ROH, DOCTEUR...
APPELEZ-MOI PATRICK.
LÉON EST TOUJOURS À POLYTECHNIQUE ?
NON, POLYTECH, ON CONFOND SOUVENT CES DEUX ÉCOLES !
CERTES, MAIS LA PREMIÈRE EST NETTEMENT PLUS PRESTIGIEUSE.
PÉTASSE !
T'AS PAS DES CIGARETTES ?
DEPUIS QUAND TU FUMES ?

BEURK, EN PLUS D'ÊTRE DANGEREUX, C'EST DÉGUEU, CE TRUC !
KOF KOF
T'ES SÉRIEUSE ? TU L'AS À PEINE ENTAMÉE !
T'AS GÂCHÉ CETTE CLOPE… TOUT COMME TU AS GÂCHÉ NOTRE RELATION !
SÉRIEUX, MARIE, POURQUOI TU M'AS QUITTÉ DU JOUR AU LENDEMAIN ?
C'ÉTAIT TELLEMENT VIOLENT, JE L'AI SUPER MAL DIGÉRÉ. JE CROYAIS QUE TOUT SE PASSAIT BIEN ENTRE NOUS !
SI TU TIENS VRAIMENT À LE SAVOIR…
… JE N'EN POUVAIS PLUS QUE TU SOIS SI PESSIMISTE.
TU VOYAIS TOUJOURS LE MAUVAIS CÔTÉ DES CHOSES !
PFFF, TOUT LE MONDE EST HYPOCRITE DANS CE LYCÉE…
IL EST SI TORTURÉ ! JE SUIS LA SEULE À POUVOIR LE SAUVER.
TROP CHIANT, LA PRÉPA…
JE PRÉFÉRERAIS ÊTRE À LA FAC ET FAIRE DES SOIRÉES !
QUELLE VIE DE MERDE…
EUH… MAIS ON N'EST PAS BIEN, LÀ, TOUS LES DEUX ?
NOTRE VILLAGE EST MOCHE, ÇA PUE LE CROTTIN ET Y A PERSONNE.
JE SERAIS MIEUX DANS UNE GRANDE VILLE, GENRE PARIS.

MOI, J'AIME BIEN MON VILLAGE, MON CROTTIN, ET MES AMIS HYPOCRITES.
JE NE SAVAIS PLUS QUOI FAIRE POUR TE RENDRE HEUREUX, ALORS...
T'AS ESSAYÉ DE ME RENDRE ENCORE PLUS MALHEUREUX ?
BRAVO, T'AS VRAIMENT RÉUSSI TON COUP.
TE TAPER MON MEILLEUR POTE QUELQUES MOIS APRÈS NOTRE RUPTURE...
TRÈS CLASSE.
TU NE PEUX PAS RÉDUIRE NOTRE COUPLE À UNE HISTOIRE DE FESSES !
JE ME VOIS PLUTÔT COMME UNE HÉROÏNE ROMANTIQUE DES TEMPS MODERNES.
LA FILLE DE BONNE FAMILLE QUI, CONTRE L'AVIS DE SES PARENTS...
A QUITTÉ LE FUTUR INGÉNIEUR QUI LA RENDAIT MALHEUREUSE...
... ET A TROUVÉ L'AMOUR AUPRÈS DU FILS DU BOULANGER.
SIMPLE, BOURRU, MAIS EMPLI DE JOIE DE VIVRE.
MOUAIS.
SHH
HH
JE PRÉFÈRE LA VERSION DE L'HISTOIRE DANS LAQUELLE C'EST MOI, LE HÉROS.
IL VA BIENTÔT ÊTRE MINUIT.
ON RENTRE ?
HEY...
LES PREMIÈRES RELATIONS AMOUREUSES SONT TOUJOURS UN PEU NULLES, MAIS...
... J'AI EU DE LA CHANCE D'ÊTRE TOMBÉE SUR UN GARÇON GENTIL COMME TOI.

J'ESPÈRE QUE TU AS ENFIN LA VIE DONT TU RÊVAIS À PARIS.
BONNE ANNÉE, LÉON.

LÉON ARRIVERA-T-IL À Y VOIR PLUS CLAIR DANS SA VIE SENTIMENTALE ?

VOUS LE DÉCOUVRIREZ DANS LE TOME 3 DE :

SEX DRUGS & RER

3 Direction : Succès-sur-Scène

Quel personnage de Sex, Drugs & RER es-tu ?

1 Dans ton groupe de potes, tu es :

1. Le nouveau/la nouvelle.
2. Tu ne sais pas trop...
3. Le/la rigolo·te.
4. La maman/le papa du groupe.
5. Le leader (enfin... tu crois ?)
6. Le/la plus engagé·e.

2 En soirée, tu es plutôt :

1. Pas invité·e.
2. Le cœur de la fête !
3. Timide, mais tu te lâches après un verre.
4. Celui ou celle qui juge ceux/celles qui sont bourré·es.
5. Celui ou celle qui est bourré·e... Ça vaaaa, ça arrive !
6. Sobre, c'est toi qui conduis.

3 Ta commande au kebab/grec du coin :

1. Salade-tomates-oignons sauce algérienne, chef !
2. Wrap falafels sauce sésame.
3. Mayonnaise sans oignons.
4. Tu laisses les autres commander pour toi, surprise !
5. Salade-tomate-oignons harissa, Tu aimes le danger.
6. Euh... Ça va niquer tes macros, nan ?

4 Ton mode de transport préféré :

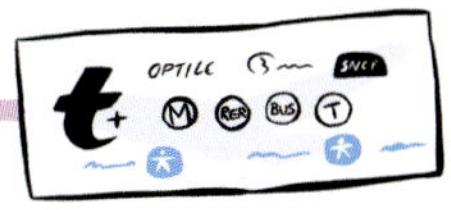

1. Ta voiture, financée par ton dur labeur.
2. La voiture de ton/ta pote, financée par son dur labeur.
3. L'avion, parfois tu as envie de partir très loin...
4. Le train, le plus sûr et le plus écolo.
5. Le taxi, tu ne peux pas toujours te le payer mais tu as des goûts de star.
6. Un deux-roues, tu es un·e kéké.

5 Ta carrière de rêve :

1. Peu importe, tant que tout va bien niveau amour et copain·ines !
2. Tu hésites encore...
3. Ne pas bosser du tout.
4. Une carrière artistique !
5. Un poste à pouvoir.
6. Le social, l'éducatif... Tu as envie d'aider les gens, quoi.

6 Tes vacances idéales :

1. En amoureux·ses, tu es un·e romantique.
2. Un hôtel, une villa avec piscine... Tu aimes le confort.
3. Tu aimerais partir à la rencontre d'autres cultures, mais tu as peur pour ton bilan carbone.
4. Dans les Caraïbes !
5. N'importe où tant qu'il y a tes copains·ines, tu veux juste échapper à ton quotidien.
6. Dans ta famille. Ils et elles ont leurs défauts, mais ils et elles te manquent !

7 Le date parfait :

1. Avoir un date tout court.
2. Une visite culturelle, rien de mieux pour tester l'ouverture d'esprit de l'autre avant d'aller plus loin !
3. Depuis tes 7 ans, tu as consigné dans un carnet toutes les caractéristiques de ton/ta partenaire de rêve et imaginé votre premier rendez-vous idéal. Restau, bougies... Mais faut pas rêver, de nos jours, si il/elle s'est douché·e avant de venir, c'est déjà pas mal.
4. Tu aimes les plaisirs simples. Un do-mac ou un tacos, et si ça ne plaît pas à ton/ta partenaire, ce n'est pas le/la bon·ne.
5. Un date où tu conclus. Tu as besoin de savoir si vous êtes compatibles sous la couette avant d'entamer une relation, sérieuse ou non.
6. Tu as d'autres préoccupations ! Qui a le temps pour ça ?

Calcule tes résultats :

- **1** 1:A 2:D 3:B 4:C 5:F 6:E
- **2** 1:F 2:B 3:A 4:E 5:D 6:C
- **3** 1:B 2:E 3:A 4:D 5:C 6:F
- **4** 1:C 2:A 3:D 4:E 5:B 6:F
- **5** 1:A 2:E 3:F 4:B 5:C 6:D
- **6** 1:D 2:F 3:E 4:B 5:C 6:A
- **7** 1:A 2:E 3:D 4:B 5:F 6:C

Chaque réponse est associée à une lettre, calcule le nombre de lettres que tu as obtenu et tourne la page pour découvrir qui tu es !

RÉSULTATS

LÉON

TU A UNE MAJORITÉ DE A :

Tu apprends encore à naviguer dans le grand bain des relations humaines, et comme tu es un peu timide et maladroit·e, tu n'es pas à l'abri de faire quelques gaffes… Ne sois pas trop dur·e avec toi-même ! Tu es juste humain·e. Tout va bien se passer, je te le promets.

FÉLIX

TU A UNE MAJORITÉ DE B :

Tu prends souvent les choses à la légère et tu aimes t'amuser. Les autres apprécient ton caractère sociable et facile à vivre. Se divertir est un moyen pour toi de ne pas penser aux problèmes qui te rongent, mais les éviter ne résout rien…

ANISSA

TU A UNE MAJORITÉ DE C :

Tu n'as pas froid aux yeux et aimes prendre le contrôle de la situation. Cela ne t'empêche pas d'être tourné·e vers les autres et de t'occuper de tes ami·es quand ils ou elles en ont besoin. Tu n'as pas l'habitude qu'on s'occupe de toi en retour, donc tu t'attaches facilement à la première personne qui te rend la pareille… Tu sais ce que tu veux, certes, mais est-ce toujours ce dont tu as besoin ?

CANDICE

TU A UNE MAJORITÉ DE D :

Tu es sensible et gentil·le, des qualités qui sont malheureusement vues comme des faiblesses dans notre monde de brutes. Si tu n'as pas encore trouvé le moyen d'exprimer tes envies et tes limites tout en restant fidèle à ton caractère doux, tu peux te sentir un peu perdu·e.

ALEX

TU A UNE MAJORITÉ DE E :

Derrière tes rêves de rock star se cache un petit enfant qui a besoin de reconnaissance et d'approbation (paternelle ?). N'écoute pas les mâles alpha sur Internet, tu trouveras cette connexion en traitant les autres comme tes égaux·les plutôt qu'en tentant d'inspirer crainte et admiration !

CLARA

TU A UNE MAJORITÉ DE F :

Tu n'es peut-être pas encore sûr·e de qui tu es dans ta vie amoureuse, amicale, professionnelle… mais tu as des valeurs très fortes, qui te permettent de garder un cap clair ! Il faut accepter le fait que tes ami·es te voient parfois comme le/la relou·e de service quand tu parles politique…

Cet album vous a plu ?

Écrivez-nous un commentaire dans l'espace ci-dessous et partagez-le sur les réseaux sociaux en identifiant @natachartt et @delcourt.bd

Commentaires

.GIF

1667